经营最重要的事

DEAR FOUNDER

Letters of Advice for Anyone Who Leads, Manages, or Wants to Start a Business

[美] 梅纳德·韦伯 (Maynard Webb)
[美] 卡莉·阿德勒 (Carlye Adler) / 著
高玉芳 译

中信出版集团 | 北京

图书在版编目（CIP）数据

经营最重要的事 /（美）梅纳德 · 韦伯，（美）卡莉 · 阿德勒著；高玉芳译. -- 北京：中信出版社，2020.1（2022.5重印）

书名原文：Dear Founder

ISBN 978-7-5217-1052-6

Ⅰ. ①经… Ⅱ. ①梅… ②卡… ③高… Ⅲ. ①企业经营管理 Ⅳ. ①F272.3

中国版本图书馆CIP数据核字（2019）第228012号

经营最重要的事

著　　者：[美] 梅纳德 · 韦伯　[美] 卡莉 · 阿德勒

译　　者：高玉芳

出版发行：中信出版集团股份有限公司

（北京市朝阳区惠新东街甲4号富盛大厦2座　邮编　100029）

承 印 者：北京诚信伟业印刷有限公司

开　　本：787mm × 1092mm　1/16　　印　　张：20.5　　字　　数：171千字

版　　次：2020年1月第1版　　印　　次：2022年5月第4次印刷

京权图字：01–2019–2980

书　　号：ISBN 978–7–5217–1052–6

定　　价：68.00元

《经营最重要的事》
所获好评

《经营最重要的事》是一本人手必备之书，不仅对想要创办公司的人如此，对各个行业的领导人和管理人员来说，也是不可多得的指导手册。

——霍华德 · 舒尔茨
星巴克公司前董事会执行主席兼首席执行官

我在AdMob公司工作时，很荣幸认识了梅纳德。当时梅纳德在公司董事会就职，我为了满足急速增长的需求，正在学习如何组建和领导一个工程团队。在那段令人抓狂的日子里，不管事情多么出乎意料，不管我和团队遇到什么问题，他似乎都能发现，并且指导我们圆满解决。如果不是梅纳德这么多年来一直慷慨地向我们分享其睿智的想法和丰富的经验，我的工作会艰难得多。我一直在想如何扩大梅纳德的影响，让更多的创业者和领导者能够从他的指导中受益，《经营最重要的事》朝这一方向迈出了一大步。

——凯文 · 斯科特
微软公司首席技术官

当事情进展不顺利的时候，企业领导者和创始人可以寻求梅纳德·韦伯的帮助。他提出的建议就像一杯浓烈的鸡尾酒，既正中要害，又满怀同情。

——吉姆·高茨
红杉资本合伙人

我的技术生涯很精彩，坐在梅纳德旁边的三年，对我的领导风格产生了极大的影响。有了这本书，每个人都能领略到他那超人的智慧和细心的指导。我敢肯定，人人都会受益匪浅。

——杰里米·金*
沃尔玛首席技术官

梅纳德构建的不仅是易贝的技术，他帮助我们建立了能够不断提高的运营模式，以及令我们引以为傲的文化。现在有了这本书，每一个人都能领略其智慧，听取其建议。经营公司的人应该将此书作为床头读物。

——梅格·惠特曼
流媒体平台NewTV首席执行官，惠普和易贝前首席执行官

梅纳德·韦伯和我们分享了其宝贵的经验。他所说的建议并非方法的简单罗列，而是经验丰富之人提出的颇具启发意义的观点。这是一本值得一读再读的书，不仅可以指导你制订规划，而且在你领导公司前进途中遇到新问题时可以作为参考。

——小阿尔弗雷德·F. 凯利
维萨（VISA）国际组织首席执行官

在这本书中，梅纳德·韦伯提醒我们，人不是生来就会创业，而是后天学会的。作为一名创业者，不仅要创办公司，还要有一种好的心态。

——贝丝·阿克塞尔罗德*
爱彼迎全球员工体验项目负责人

梅纳德·韦伯总能高屋建瓴地指出成功之路——他能使公司从颠覆中看到机遇，使公司取得巨大的成功。这本书帮助创业者和领导者从新的视角看待日常管理中的问题并予以解决。

——杨致远
雅虎联合创始人兼首席执行官

这是创业者必不可少的手册，可以指导创业者顺利走过整个创业历程。

——马克·贝尼奥夫
赛富时公司（Salesforce）董事会主席兼首席执行官

真希望自己在创办太阳微系统公司时手里有这本书。现在我正在从事重要的创业工作——我的 4 个儿子。这本书将是他们阅读书目中的首选，对于私营企业中的超级经济新星来说也是如此。

——斯科特·麦克尼利*
Wayin公司联合创始人兼董事会主席，太阳微系统公司联合创始人

作为一名能够得到梅纳德·韦伯亲自指导的创始人，我深感荣幸。《经营最重要的事》一书可以指导你走过创业之旅的每一天，也充分体现了梅纳德·韦伯的聪明才智。

——左轩霆*
祖睿科技（Zuora）首席执行官，
畅销书《订阅模式的未来与运作》（*Subscribed*）的作者

每一位创业者都会面临艰难的挑战。这些挑战梅纳德·韦伯都遇见过。他那来之不易的建议，对于各行各业想要使企业更上一层楼的企业领导者来说有重要的指导作用。

——弗雷德里克·克里斯特#
Okta公司联合创始人兼首席运营官

创办企业极具挑战性，向来没有现成的解决方法。梅纳德·韦伯却在关键时期展现其才智，给予我们指导。他知道你所面临的挑战，会推动你以诚实、谦虚的态度勇敢地迎接挑战。梅纳德就是这样指导我的，现在他会给予你同样的指导。

——安德雷·哈达德#
Turo公司首席执行官

梅纳德是每个创业者理想的投资人：他乐于助人，有丰富的经验，总能给人以真知灼见。他与创始人和《财富》世界500强公司的领导者都共过事，因此有得天独厚的条件，见证过初创公司从创立到经过重重阻碍、最后取得成功的历程。他的信件对任何一个渴望创建公司的人来说都是绝对必要的。

——亚当·福鲁吉*
AppLovin公司首席执行官

（注：标*者为韦伯投资公司加盟成员，标#者为韦伯投资公司创始人和加盟成员。）

目 录

第二章　筹集资金

企业为赚取利润而存在

第二部分

发展壮大

第三章　会管人善用人

管理的核心是人

第四章　应对挑战
控制局面，解决问题

第五章　自我管理
要经营好企业，先经营好自己

第八章 危机处理
在事情变糟之前快速解决

第四部分 传承发扬

第九章 领先之道
从卓越到传承的精髓

推荐序
快速帮你解决棘手的问题

星巴克前董事会执行主席兼首席执行官　霍华德·舒尔茨

真希望过去的40年，案头有此书可读。

幸好，近20年来，梅纳德·韦伯一直是我的朋友和顾问。

1998—2001年，我在易贝董事会工作，其间我们相识。这也是美国商业史上颇为独特的一个时期。20世纪90年代中后期，人们摩拳擦掌地想要开创一番事业，似乎每个人都有绝妙的商业点子，大量的资金投入无数的新兴企业中。

糟糕的是，大量资金的涌入掩盖了创业的艰难。因为一遇到问题就砸钱很容易。这一时期人们都自视甚高，许多创业者和企业领导者过度自信，以为自己能够创办长盛不衰的企业。

当互联网泡沫破灭时，经营企业常见的不容直视的现实问题就暴露出来，对于初创企业来说，尤其如此。一时间，领导者不得不做出艰难的抉择以应对错综复杂的挑战，例如，如何在低迷的市场筹集资金？如何有效地使用资金？如何在不牺牲核心价值的情况下发展下去？如何激励士气低落的员工？如何处置办事不力的员工？如何应对新的竞争对手？如何应对危机和失败？

今天的我们，从那个时代能够学到很多东西。

比如，顺境时做领导很容易，逆境时则困难得多。这就是为什么谦虚对创始人、企业家，甚至是经验丰富的首席执行官来说都至关重要。毋庸置疑，我们每一个人并非任何时候都有应对之策，我们必须不断征求和认真思考他人睿智的建议。

我得澄清一下，我不是星巴克的最初创始人。1987 年我和其他投资者买下星巴克时，它在西雅图有 6 家店。虽然它现在已经成长为一家全球化的企业，但我依然认为自己是一位创业者，仍旧在不断寻求新的方法以吸纳人才，致力于改善世界各地人们的生活质量。这种激情许多企业家都有，现在尤其重要。

我们正处于一个前所未有的、令人激动的变革时期，要解决健康、教育、交通和通信等社会各方面的问题，我们必须深思熟虑，创新方法。

解决方法和创意不仅来自有魄力的政府领导者，也来自私企和非营利组织的领导者。那些谦逊而有自知之明的领导者会创建可持续的、基于价值观的组织，不断筹集资金，吸引人才，高效运行，发展壮大。只有在这样的领导者的带领下，才能将最佳新产品和新服务推向市场，并在市场上占据一席之地。

这也是《经营最重要的事》一书这么及时、这么宝贵的原因所在。你的理念、你的组织也许的确颇具创新意味，但是你今天遇到的许多管理、运营、财务和自身领导力的问题却并不是新问题。一代又一代睿智的领导人已经解决过相同或类似的问题。针对这些反复出现的问题，这本书将毫无保留地为大家呈上解决方法。

本书的作者、我的朋友梅纳德曾经亲自解决过这些问题，或是帮助他人（包括我在内）解决过这些问题。他是我认识的最睿智的领导者之一，他创办和经营企业，仁心和策略兼备，世上少见。多年来，我从他身上学到很多东西。我很高兴他写这本书，与我们分享其经验和智慧。

梅纳德也理解创业者事必躬亲，因为我们迫切地需要快速解决问题。他就依据我们在日常领导事务和企业经营上必定会遇到的问题，将其建议进行了编排。这样，看《经营最重要的事》的时候，就像一有问题就打电话向智者求教一般，快捷有效。

我和梅纳德都希望大家能够取得成功。这个世界比以往任何时候都需要能干的领导者，不仅具有创新意识，而且诚实守信，体恤他人，能够实现宏伟的创想，提供优良的产品和服务。要做到这一点，需要的不是商业学位，而是谦逊，需要在旅程的每一个阶段保持寻求和倾听明智忠告的动力。

就让这本书做你的导师和榜样、指导和顾问、知己和好友吧。带着你的疑问、你的焦虑，敞开心扉来读这本书，它会助你实现自己的梦想。

前　言

每个人都能用得上的管理方法

大约两年前，我儿子凯文建议我读一下Medium（一个轻量级内容发行平台）上发表的一篇博文。文章讲的是一个儿子收到父亲写给他的一箱信。那位父亲生命垂危（儿子并不知情，直到他的父亲去世），信中对这个男孩如何度过一生中的重要时刻提出了建议。文章很伤感，令人震撼。最终证明这个故事是虚构的。

尽管如此，凯文还是督促我写信——给投资组合公司的创始人提供建议，指导他们解决在公司发展的各个阶段所面临的问题。他认为我可以帮助创始人解决公司日常管理的难题：当创始人之间发生冲突时，或者当董事会令其抓狂时，抑或是当创始人害怕其创意行不通时。

凯文的这个建议很好。我经常给组合公司超过85位的创始人提供此类建议。事实上，我确实很难找到时间和他们进行一对一的面谈。由于这么多的创始人面对的是同样的问题，而且他们求助无门，因此有必要将这些建议编辑成册，这样可以不用局限于某一次会议，而让更多的人受益。于是我就开始了所谓“给创始人的信”这一项目。

我最初的打算是给处于关键阶段的创始人写信，为他们提供帮助和指导。我写每一封信的时候，脑子里都有一位特定的创始人或特定的情景，但是由于许多创始人面对的是相似的挑战，所以事例和建议对其他创始人来说也可以借鉴，于是我开始把信件公开发表出来，而新的问题和请求也纷至沓来。

有许多话题可谈。没有完成季度任务怎么办？如何聚焦于重要的事情？当关键的雇员离职时怎么办？……当谈论的话题超出我的专业范围时，我会找韦伯投资公司的董事提供建议。但是我们所做的还不止于此。韦伯投资公司最为特殊之处在于它是一个加盟成员网络——80 多个成员，绝大多数我都和他们共过事，现在和我共同投资，为新创企业提供资金和指导。他们都创办过公司，并且已经上市，在快速发展的公司管理着各个部门，都有几十年的管理经验和行业经验。我们请求加盟成员写信，提供其所在领域方面的建议，他们都提出了宝贵的建议，包括：当公司被起诉了怎么办，什么时候设置销售佣金，如何应对进入自己领域的竞争对手，等等。

写了几十封信之后，我们就把这些信结集成书，作为礼物送给创始人。我们在旧金山找了个小印刷厂，印了几百册，很快就分发一空。创始人想要和朋友分享这些信件，询问他们如何才能多得到几册，给他们的团队或者作为节日礼物送人。围绕着送书，我和团队不断陷入麻烦之中，他们把我的书也没收了。我们在公司内部制作了一册电子书，从网上可以下载，但是书的内容很快就过时了。因为不断有新的挑战出现，所以我们只能不断地写信来应对这些挑战。

我之前写了一些信，后来还为我们的创始人写了一本书。我知道这些建议对许多我不认识的创始人也有用。许多人都面临同样的困难，但我没有机会和他们见面，或和他们一起工作。通过我在领英上的专栏——“有问题找梅纳德”（Ask Maynard），我和一些不认识的创始人取得了联系，但我还想更进一步。

我也意识到信的读者远比我之前预料的多。虽然我的工作大多数情况下是和技术行业的创始人打交道，他们寻求风险资本，并最终寻求上市，但是各个领域的创业者，不管企业大小，都觉得这些建议颇有助益。我曾经给我的理疗师一本书，他说这本书帮他看清了创办企业所面临的挑战。他的妻子是联合创始人，他请求妻子和他一起读书学习。据美国小企业管理局统计，仅仅在美国就有 2 680 万家小型企业，而且每年有 60 多万家新企业问世。有这么多的读者创办了小型企业，他们都面对着一些相同的挑战。

最令我惊讶的是，有的人连创始人都不是，居然也需要这本书。不管是《财富》世界 500 强公司的高管还是刚刚迈入职场的千禧一代，拥有创始人的思维模式现在被视为宝贵的资本。

此外，我发现创始人常常需要的建议不只是如何筹集种子基金，或是如何选择最好的董事会成员，还包括如何与人打交道。他们需要知道如何管理他人，如何有领导风范。因此，这本书中许多信件聚焦管理和领导艺术。因为我职业生涯中大部分时间是担任《财富》世界 500 强公司的运营官，比如 IBM（国际商用机器公司）、昆腾公司（Quantum）、捷威公司（Gateway）、海湾网络公司（Bay Networks）、易贝公司，而且我的经验来自在这些大公司工作的实践总结。此外，作为董事会成员，我给许多企业的领导者（非创始人）提过建议。许多信件中的建议就是用来应对他们遇到的挑战的，写信的时候，心中想的也是他们，但这些信对其他人来说也有参考价值。

我写这本书，意在突破我的关系网。我只和 80 多家公司打过交道，但是还有许多人像创始人一般思考，需要这些建议。也许你是一位一心想要进驻硅谷的创业者，也许你只是一个在城里开店铺的小企业主，抑或你在公司里刚刚被提拔为经理，但不管怎样，你总能从书中受益。

这本书旨在给人们提供指导，书中的信件就是为碰到麻烦的人提供建议。信件话题均为重要时刻的最重要建议。当你没有完成季度计划，或是名声不太好时，抑或需要鼓励时，直接看相关信件即可，无须把书从头读到尾。当然，你也许会从头开始读，还有许多人可能也会这么做，因为大家都很好奇，想要了解自己已经克服了什么困难，还会遇到什么困难。这本书是按照公司发展轨迹来写的。曾经合作过的公司已经壮大，我深受鼓舞和启发，便将本书按如下顺序组织起来：创立之初、发展壮大、成就卓越、传承发扬。当然我得告诉大家，这一过程极为艰难。

目前，我们正处于创业的黄金时期，各地的人们都积极投身于创业大潮中。数量空前的大学生在学习创业的课程，65 岁以上老人创办的公司每年都在增加，许多被精简的专业人士创办了自己的企业。有研究表明，还未踏上创业之路的人当中，有许多人梦想着创业。

取得成功很难，而且随着公司一步步的发展，成功的概率会越来越小。有大量的公司创办，但只有 30% 的公司能够发展到 A 轮融资阶段，而从 A 轮到 B 轮融资，只剩下一半的公司。而这个数字还会随着公司每一步的发展不断减半。[①]只有极少数的公司能够上市，能够传承下去的公司就更少了。

写这些信并将其编辑成书[②]，是爱心的付出，我希望这些信能帮助你不断提高，帮助你的团队实现梦想。与启发我写信的那位虚构的父亲不同，这些信并不意味着有关这些话题（或任何话题）讨论的结束。

---

① Rowley, Jason D. “The Startup Funding Graduation Rate Is Surprisingly Low.” Mattermark, September 28, 2016.

② 本书原版为书信体，为了方便阅读，中文版去掉了问候语和署名。——编者注

第一部分

创立之初

第一章　搭建团队

从 0 到 1 创建高效的团队

想清楚再做很重要

——当你想创办公司的时候

你真的想创办公司吗?

为什么?希望不是因为创办公司很酷……想要成为创业者很容易,但成为成功的创业者则难得多!

近来,似乎人人都想创业。人们沉溺于追寻梦想、掌控自身命运的想法中不能自拔。然而这种想法太过浪漫,有些不切实际。

我不想说丧气话,但大多数创业者最终都失败了。这不只是统计数据显示的结果,也是常识。毕竟将理念转化为现实很困难,而进一步将现实变得意义非凡则更加困难。

当然,我们都知晓那些一飞冲天的故事——那些奇思妙想一开始就取得了成功,比如脸书、谷歌和易贝,不过这样的公司可谓凤毛麟角。多数情况下,新的创想不能为这个世界接受,大多数公司没有得到人们的青睐,英勇无畏的创业者只能回到原点,从头再来,但这种情况在初创公司中并不多见。绝大多数公司处于不上不下的位置——公司确实有一些吸引力,但是没有多大用处,也不确定自己的创想是否会成功。这种令人尴尬的中间位置就是我所说的“夹心”(tweener),非常危险。

那么，你还热衷于创办企业吗？如果是，请考虑以下问题：

- 你的动机是什么？是金钱还是影响力？你必须弄清楚自己追求的是什么，否则永远不会成功。
- 你是否对心中想法满怀激情？这也许是最重要的一个问题。如果你执着于自己的想法，就有可能在随后的2~10年内，每天早晨一醒来就会对员工、客户、朋友、家人和其他对你来说重要的人宣扬你的价值。即使你是最先意识到某个想法的人，众多大企业及新创企业也会接踵而至。成千上万的机会等待着新兴企业去选择一个适合自己的机会。
- 你有合伙人吗？如果没有，请打开下一封信："当你选择合伙人时"。
- 你有合适的团队吗？一般来说，最佳团队的成员曾经长期合作，能够同甘共苦，而且各有所长。
- 你能承受风险吗？如果你谋求安稳，那么创业可能不会使你快乐。创业从根本上来讲是一项高风险、高回报的行为。
- 你能在最初几年靠微薄的收入生活吗？公司初创时，你肯定收入不高。例如，埃迪·卢[我们的一家投资组合公司——Grubwithus（现名GOAT，一款美食社交应用）的创始人之一]创业初期就睡在汽车里。
- 工作比以前辛苦得多，压力也比以前大得多，你会介意吗？你的头衔可能会增多，责任也会增多。你还得保证整个团队的身心健康，满足客户的需求。
- 你真的甘愿连续几年没有大的收益，没有长假，工作生活失衡吗？一旦开始创业，就没有平衡可言了。

- 你需要他人的肯定吗？假如你需要别人的鼓励，你可能不会成为一个成功的创业者。你得对自己有信心，不能依靠别人的鼓励前行，要从实现梦想的激情和改变世界的兴趣中汲取力量。
- 遭到拒绝时该如何应对？你有多大的勇气重整旗鼓，从无到有？一定要有信念。一整天下来，你听到的可能都是拒绝的声音，从投资者、消费者到检验人员，你所遇到的每个人都拒绝了你。听到“不”或者说你的想法太“蠢”了，不要沮丧；相反，你应该振作起来。

如果你清楚了我的疑虑和担忧，依然想要尝试，请看如下建议：

努力干吧！再没有比从无到有的创造更有趣的了。

放宽视野。你要确定自己愿意为此投入多少时间和资源。例如，“我打算自筹 10 万美元，花 6 个月时间来验证我的想法”，或者“接下来的 5 年，我打算心无旁骛地致力于自己的创意或者开办公司”。

确保家人和朋友支持你冒险。可能周围许多人都会做出牺牲，要将每个人都考虑在内，要让他们明确前行的道路。否则，最终你的生活会比预想的痛苦。

你能先试水吗？你能在辞职前先尝试创业吗？我在创办韦伯投资公司的时候就是这么做的。早期的经历使我很快就完成了过渡。

一旦开始就不要瞻前顾后，要全力以赴，争取成功。要尽心竭力地去干。创办公司是一项长期计划。知道自己要为之奉献 10 年，你就会觉得自己有责任使公司渡过难关。

创业难吗？当然难，但也很有趣（同时又很可怕）。就像照料婴儿一样，你为之激动不已，但有时候事情变得一团糟，夜里得时不时地爬起来照顾孩子。虽然精疲力竭，灰心丧气，但会感到超乎想象的满足。

如果你认为这是对的，那说明你已准备好应对创业中的艰难曲折；如果不是，那现在还不是你创业的时候。毕竟这不是照料婴儿，可以雇用一个保姆替你工作。

找到 1+1=3 的合伙人

——当你选择合伙人的时候

目前你可能还没有想到一个合适的人选。

不要紧，下面我会就如何寻找、审核合伙人提出一些建议，但是你首先得明白寻找合伙人就像是做一道神奇的加法题，要比看起来复杂得多。如果做得好，就会 1+1=3。

你可能已经知道，创办企业是一个孤独而艰难的过程。有合适的合伙人在身侧，可能会容易一些（但仍然很艰难），成功的机会也会多一些，你也会走得更远更快。原因如下：

有了合作伙伴，你会更加投入。向某人做出承诺，会促使你朝着目标坚定地走下去，迫使你向某人负责。在你从投资者（不是家人和朋友，他们往往不太关注进度）手里拿到钱之前，有人让你肩负责任特别重要。

合伙人能够帮助你保持理智。创业的日子充满了挫折和失望，最终常常会陷入自我怀疑之中。这时，放弃往往比坚持更容易。合伙人与你有着同样的激情、同样的目标、同样的愿景和价值观，会给予你适当的鼓励，给你一定的压力，促使你坚持下去。你不能低估他们的作用，他们是你的决策咨询人、治疗师和啦啦队。

合伙人会使你成就更多。优秀的产品人需要优秀的工程师与其配合。一个有远见卓识的领导者需要有良好的执行者。我创办韦伯投资公司和Everwise公司（一个职业发展指导平台）时就有合伙人。在创办这两家公司的时候，我需要愿意全职运营公司的人。我还发现有人和我在一起时交流更有效，最后的结果也很不错。不同的人会带来不同的技能和不同的视角。合伙人常常互相促进，在各自擅长的领域实现好的发展——这种互动会带来各个方面的发展。寻找那些拥有你所不具备的技能和能力的人，补你所短，扬你所长。

必须挑选合适的合伙人，因为一旦出错，会使等式失去平衡；选错了合伙人，1+1 就会小于 1。如何才能找到合适的合伙人？以下是几个小贴士：

选你认识的人。世上最快慰的事情就是找到一个你认识的合伙人，你曾和他一起工作过，对他非常了解，深信不疑。和曾经合作过的人在一起，常常能开创出一番宏图伟业。想想杨致远和戴维·费罗，他们在创办雅虎公司之前，在大学时就在一起合作了。我在韦伯投资公司的合伙人曾经与我一起在云创公司LiveOps工作过，Everwise公司的合伙人曾在我们的投资网站工作，我知道和这些人在一起能够创造奇迹。

要确定他们会带来什么优势。你要选择具有互补技能的人，例如，销售或营销人才、工程技术人才。

深入了解他们，多花时间和他们在一起。创办公司不是一件小事。你可能想按自己的方式尝试一下。在Everwise，我和合伙人迈克·伯格尔森和科林·席勒一起进行了市场调查，在正式启动之前一起做了大量筹备工作。你必须想一想合作得怎么样。你是渴望多相处还是尽早分开呢？这个人带给你的是正能量还是负能量？早期互动不来电的话，以后也不会变好。

明察和暗访。视角越宽，了解得越全面。看一看别人给你的推荐信，另外还要和那些与被推荐人一起工作过的人谈一谈，对其个人能力有一个更充分的了解。此外，如果别人给了你推荐信，但表述得不够充分，那就要注意了。问问其他人，被推荐人在顺境和逆境中的表现如何，他是如何应对压力的。也许你还想知道其动机。

这是你要找来解决重大问题的人吗？如果只是随意选择，也许你得花费较多的时间寻找一个好的合伙人。要寻找在你那个领域经验最丰富的人。也许之前你与他一起工作过，就像安迪·路德威克和罗恩·施密特那样，他们在新思科技（SynOptics）公司共同创造了奇迹。也许你与合伙人以前并未在一起工作过，就像赛富时公司的马克·贝尼奥夫和帕克·哈里斯一样。

要确保你们同心协力。每个人的生活都有不同的需求。正如你在步入婚姻殿堂之前,需要商量一下你们想要什么，比如，你们两个人都想要孩子吗？你和合伙人必须讨论一下要把公司办成什么样子，一定要弥合分歧。有人想创办能改变世界的大企业，有人想创办改变生活方式的企业。没有好坏之分，只是目标不同而已。先想想你的价值观、动力，然后讨论一下以下问题：对于工作与生活的平衡问题，你持什么看法？对于薪酬结构呢？你想把公司发展到何种规模？最理想的退出策略是什么？

确定职责和股权结构。你想找一个平等合作的伙伴（各占 50%的股份），还是一个占股权比例更低的合伙人？要先想一想，你想要什么样的合作关系。即使你的地位受到挑战也不要紧吗？即使只有一个人担任首席执行官，也愿意两个人所持股份完全相同吗？以上决策各有利弊，结果难以预料，而且这种利弊会长期存在下去。

在公司成长的过程中，你所做的少数决策可能会对公司的成长产生较大的影响，包括挑选合适的合伙人，确定董事会成员以及选择策略。不要着急，要确保自己做出正确的抉择。如果一切顺利，这些决策会伴随你几十年。

附　录

我也需要一位合伙人吗？配合默契的合伙人就像好莱坞的明星夫妇和受人爱戴的乐队成员一样备受瞩目。传统的剧本上讲，大家一起努力工作收获大，分开单干收获小。事情真这么简单吗？相较于有合伙人一起创办企业，独自创办企业的优缺点如下所示。

独自创办企业的优点

你可以保有完全的所有权。如果成功，财务激励会大得多。

你可以全权决定公司的企业文化和商业模式。自己一个人做，你可以从诸如人员的雇用、产品的销售、科技团队的管理、资金的筹措等企业经营的各个方面获取经验，可以说这是对你自己进行的一次快速全面的培训。

易于做出决策。所有决策都由你一个人做出。

从一开始就确立自己的愿景—你要牢牢把握这一点（至少在你成立董事会之前的早期阶段）。创意的提出，初期团队的组建，资金的筹集，工资结构的确立，这一切都是你说了算。

独自创办企业的缺点

即使你有现成的团队，但作为唯一的创办人，你也会感到很孤独，只能独自承担所有的责任。创办企业初期很艰难（常常遇到拒绝，会有所失），有人和你一起面对会好些。

没有兴趣相投的同伴和你一起商讨。企业中最艰难的决策往往涉及各种机会的衡量与评估。如果有几个人，就可以进行热烈的讨论，提出新的创意。合伙人少，可利用的资源就少—每一个合伙人都会使交际网络大大地拓宽，这样遇到像招聘这种重要的事情就便于求助。

你失去了一个拥有与你技能互补的合伙人的机会。产品负责人常常不是最好的产品开发人员或销售人员。合伙人越是不同，就越专业，越有可能施展各自所长。不同的人具有不同的技能、不同的视角、不同的作用。

必须肩负责任。合伙人彼此之间要坦诚相待。少量健康的竞争是有益的。合伙人常常能够相互促进，在各自的学科领域有所发展，这有助于整个公司的发展。

虽然总是有例外存在，我们还是认为与合伙人共同创业益处大。我们常常发现两个技能互补的合伙人是成功创业的最佳模式。企业初创团队自给自足（在诸如技术、销售、营销等方面）的程度越高，对早期雇用人员的依赖就越小，对企业命运的掌控也就越强。

激发合伙人的斗志
——当合伙人懈怠时

选择合伙人是迄今为止你做出的最重要的一个决定。你期望能够合作几十年。你很羡慕颇具传奇色彩的合伙人——比尔·休利特和戴维·帕卡德，史蒂夫·乔布斯和史蒂夫·沃兹尼亚克，拉里·佩奇和谢尔盖·布林——所成就的伟业，也想有如此好运。

事实上，即使这些赫赫有名的合伙人也会遇到严重的，甚至是难以逾越的障碍。你也不例外。

这些目前还不要紧。着实令人苦恼的是，当你在没日没夜地工作时，别人却不像你这么努力或投入地工作。这一状况必须扭转，而且要立即扭转。首先，像往常一样，你得调查一下发生了什么事情，弄清楚出现上述状况的原因。突然之间不再尽职尽责地工作，肯定是出了什么事情。

是现在不够努力吗？你的合伙人曾经如猛虎般干劲儿十足，现在却成了懈怠的老鼠；你的合伙人曾经是人们不停地叫他慢一点而不断“踩刹车”的人，但是现在却变了，你得叫他们使劲儿“踩油门”。

如果真是如此，究竟发生了什么？和工作有没有关系？

找出目前出现这种行为的原因。调查时要带着疑问，以一种探究的方式进行。不要一上来就批评，这对你做出重大决定没有助益。

在一家公司，我们发现有一个人突然性情大变。这个人以前很可靠，现在行为古怪，无法与其交流。很快我们发现他刚刚经历了一场痛苦的婚变。个人危机带来的压力影响了他的工作，但这件事既与工作无关，又难以修复。我们就这一情况进行了讨论，让他注意自己的行为，并且给他一些空间，但不会太多，以免长时间拉低团队的效率。

当然，还有其他原因同样不受你的控制：有人身体状况不佳，家庭成员出了问题，或者其他许多影响工作的个人原因。遗憾的是，某位合伙人或重要的员工可能因健康原因而离去。在这种极端情况下，新创企业的运营和合伙人个人健康出现了矛盾，对他们来说最重要的事情就是治愈疾病。

还有一种情况有时也会出现：成功达到某一程度后，动力会减退。在一家公司，我们发现了一个有趣的现象：有些在IPO（首次公开募股）前进入公司的人，一下子赚了很多钱。他们上午10点坐着法拉利来公司上班，下午3点就下班了。失去了赚更多的钱这一动力，他们“放弃了工作”。这种情况必须处理，并予以杜绝。

如果没有个人危机，也没有中头奖这种事情影响合伙人的行为，这时候应该考虑：一切事情在你的掌控之中吗？问问自己：我有什么？他们有什么？糟糕的是，性格冲突发生的频率太高了。人们可能会因为某些原因而生嫌隙，比如在策略制定和文化建设上缺乏沟通，以及收入上的不平等等原因。这会使其中一位创始人心怀不满，变得难以相处，你们渐渐相互厌恶。那现在怎么办呢？

你需要弄清楚以下问题：

- 是否有人因所有权心生怨恨？希望没有，这应该在一开始就解决掉。但是有时痛苦挥之不去，局面变得无法维持。这就引出了一个棘手的问题：如果合伙人消极怠工，而你仍然夜以继日地在那里工作，你如何处理所有权的问题？
- 因为其中一人得到的荣誉太多而出现争议了吗？
- 这是战略方向上的问题吗？

拥有美满的婚姻并不容易，彼此之间需要不断地对话和交流。合伙人之间也需要相互关注和爱护：

找出问题的源头。尽快弄清楚是否能够消除这一问题。

要求合伙人纠正其不良行为。做不好本职工作或者行为失常，都是不能接受的。

寻求外部咨询师的指导或帮助。尽自己一切所能挽救你们的关系。

要考虑到所有相关人员。让带着很大压力工作的人休息一段时间，也许对其有好处，但是你必须考虑到公司里其他的人，看看他们是如何看待这一特殊待遇的。每个人都知道表现好和表现差之间的不同，都指望领导人能够树立好的榜样，解决出现的问题。

征询董事会的意见。这种事情董事会见得多了，他们会给出建议。他们会告诉你过去工作中见到的创造性的解决办法，比如正式改变股权结构，以解决合伙人投入减少的问题。

找到一种公平的方法解决问题。如果你确定合伙关系不能继续下去了，那就有尊严、有气度地分开。不要相互指责，相互诋毁。

有时，解决这种紧张关系可能涉及重新设定合伙人的角色。就我的经验来看，随着公司的不断壮大，你们的工作变化会非常大，很少有合伙人能够长期维持同等的进步。你的合伙人可能会由当前的管理角色变成其不喜欢或不擅长的角色，重新设定公司的角色需要小心谨慎，但最终对大家都有好处。

要确定“另一种生活会怎么样”。你的合伙人有什么样的技能？哪些必须取代？很可能别人已经做好了接替的准备。我感到最欣慰的时候就是给了他们机会以后，看看他们能够做什么。考虑一下谁能承担新的责任，帮助公司克服因失去一位重要人物而面临的困境。

关系破裂的确很痛苦，就如同离婚一样难以跨越。不同之处在于，如果你们分开，最终不会有共同监护的协议，你们其中一个得放弃公司。这的确很艰难，我很抱歉。希望你们有美好的未来。

是什么成就了卓越公司的卓越

——当你需要招聘人才的时候

你需要优秀人才！糟糕的是绝大多数管理人员和公司在招聘阶段就搞砸了，在如此重要的阶段出现了问题真是太遗憾了。

想一想：是什么成就了卓越公司的卓越？人。人的作用至关重要，然而，我们却在招聘时不知道如何走好这一步。

在开始的时候你可能只想雇用几个人，而不是许多人。对于小型团队来说，只有得到最佳人选才是关键所在。然而，太多创始人常常认为这是夸大其词，危言耸听。这种可怕的想法必须改变：创始人需要主动出击，而非原地不动。

不要认为你处于劣势，你的公司不足以吸引顶尖人才；相反，要明白你已占据优势地位。这完全是心态的问题。你要这样想：我正在创建的公司非常独特。你为那些合格的应聘者提供了一次千载难逢的机会——让他们在初创阶段进入公司。这就好比观看超级碗或音乐剧《汉密尔顿》，你只有两张前排的票，不知哪位朋友有幸受你之邀。

下面几条准则将有助于你重新思考一下招聘的事情：

不断招聘人才，即使职位没有空缺。在易贝，我一直在寻觅人才，通常会招聘到一两个可以随时上岗的储备人才，担任公司的重要职务。

这是从首席执行官梅格·惠特曼那儿学来的。她知道公司发展很快，常常会在没有职位空缺的时候就雇用一些人才，但是她清楚将来会有他们的用武之地。顺便说一下，有时候这会制造紧张关系。他们想要有所作为，但是进入公司时却没有明确的角色定位，他们只得将精力集中在“特殊项目”上。不过他们很快就会担任重要的管理职务。

全程参与。招聘不只是他人的工作，你必须花时间关注这件事。我在LiveOps公司工作时，一位大客户的高管建议我拜访迈克·贝格尔松。迈克是一位极具才干的创业者，最近把公司卖给了思科公司。我给他发了几封电邮，邀他见面会谈，他最终回复了我。我满怀热情地邀他加入公司，他却回绝了我，不过我们说好了要保持联系。我创办韦伯投资公司时，迈克表示他想加盟（这有点不合“公司规矩”，毕竟我们从未合作过），并且他同意为我们的一家投资组合公司做一些咨询工作，于是我们破例让他加入了韦伯投资公司。不久，我开始和他一起探讨指导服务的想法，几个月后，他成了我在Everwise公司的合伙人。我们从这个案例中汲取的经验是：你必须不断地寻觅与你能够产生共鸣的人才，而不能坐等人力资源部或团队成员给你引进人才。

在招聘过程中，要善待应聘人员，保证他们有一个愉快的应聘经历。高傲自大对你没有好处。的确，是否录用由你来定，但是没有理由借招聘使他人尴尬或遭受侮辱。一位常驻公司的合伙人告诉我，她曾在一家公司有过一次可怕的应聘经历，并且将此事告诉了一位朋友。后来那位朋友接到那家公司让她应聘同一工作的电话后，连面试都没有去。那家公司因其对待他人的态度，连面试她的机会都没有！对每一位应聘者都应给予尊重，给他们有益的反馈。你应希望每一位应聘者离去时都感觉良好，希望他们以后有机会再回来。（在韦伯投资公司，我们也是这么做的。我们得经常说“不”字，但是以非常友好的方式说的。为此，我们经常会接到那些被我们拒绝的人介绍来的业务。）

亲自审查，亲自对他们说“不”。不要隐藏在他人背后，或是在整个过程中站在幕后。也许将招聘工作的一部分外包出去更为有效，你也不用向应聘者宣布坏消息，但这样做不够周到。对待可能成为雇员的人要给予应有的尊重，这样才能赢得信誉。

不要寻觅像你一样的人。要寻觅那些具有你所需要的技能的人，寻觅那些能够给你带来不同视角、对公司文化建设有助益的人。

- 不要被大公司的名头唬住。在大公司工作，并不能说明一个人很优秀，也不能证明适合在你初创的公司工作。在一家大公司工作和管理一家大公司有很大的差异。有一些杰出人才并不在知名公司工作。
- 要特别注意那些“心里有根刺”的人。最优秀的雇员常常想证明自身的能力，渴望在工作中脱颖而出。
- 不要雇用那些过于看重金钱的人。如果候选人关注的是高薪，你应该想一想他们是否是合适的人选。（如果关注的是股权，那就是另外一回事了，因为股权和业绩密切相关，体现的是对公司的信念。）

要把公司建成最佳工作场所，以吸引潜在的雇员。要把公司建成人人争相进入的地方。员工的权益得不到保障，公司的权益也会随之失去。成为最佳工作场所和按摩、美食无关，和取得的成就、学到的东西有关，和人们的待遇有关。

- 要胸怀大志。为实现目标奋力前行。

- 要谦虚。要不断努力，做到更好。
- 要与人友好相处。要关心你的员工，要认为你提供的工作是他们做过的最好的工作，最能让他们满足。这和金钱没有任何关系，和做有意义的工作有关。
- 打造包容的文化。确保你创建的公司让每一位与众不同、才华横溢的团队成员都有归属感。

恭喜你！公司如今成长起来，需要雇用人才啦。你做得很好，很快你会取得更大的进步。记得要不断招聘人才！

顶尖人才共同的品质
——当你需要雇用优秀人才时

你应该只雇用顶尖人才。

我们都知道雇用环节出错要付出很大的代价，最好杜绝这种错误，但是怎么杜绝呢？在初创时期如何才能预防重大错误的出现？虽然创建一家卓越的公司，雇员必须具有不同的背景和技能，但是我发现优秀的雇员都拥有一些共同的品质。

我雇人的时候，会根据成功记录来评价一个人。我不会只看他最后晋升的职位（尽管我正在寻找的是这个职位的人才），还要看之前的职位。我要找的是长时间努力后取得的成功。问问他们自己干过什么有意义的事情。可以将其职业生涯中的快速进步看作一个好的信号。不要雇用那些想要工作轻松、靠他人的辛劳赚大钱的人（是的，这在面试时就能看出来）。

寻觅那些“愤愤不平”且愿意证明自我的人。你需要重视的不是完美无缺，也不是漂亮的简历，你要雇用的人必须拥有成功的巨大动力——好斗而且勇气十足。例如，有人在学校学习期间课业不佳，却创立了几家成功的企业，这个人也许就是你的最佳人选。我招聘时都会问应聘者过去的经历，甚至是中学时的经历，了解他们花时间干了些什么。我要寻觅的人既优秀，又有丰富的经历，还愿意接受巨大的挑战，敢于冒险。我和在校期间学习成绩优秀、跳芭蕾舞的人共过事，也和每年夏天都经营得很好的柠檬水小摊老板共过事，还和家中第一个上大学的人共过事。他们在哪里上大学并不是很重要。事实上，统计数据显示，大多数大公司的首席执行官上的是州立大学或不太有名的私立大学，而不是常春藤大学或其他精英大学。看看李·斯科特这样的人吧。斯科特从沃尔玛的首席执行官位置上下来之后，我们把他招进了雅虎的董事会。我们对他知根知底，包括：为了支付大学学费，制作轮胎模型，每小时挣 1.59 美元；和妻子、儿子住在房车里；在沃尔玛从运输部门干起。我们发现他的奋斗经历具有不可估量的激励作用。

物色那些不会用“不”字答复你的人。有人看到的是障碍，有人看到的是机会。最好的雇员可能之前被告知多次“这事你干不了”，然而，这并没有阻止他们前进的脚步。再看看“编程女孩”（Girls Who Code）这一非营利组织的联合创始人、教育活动家雷什马·索贾尼。她转入耶鲁大学之前被耶鲁法学院拒绝了 3 次，后来竞选公职也惨遭失败，然而，她内心坚毅，继续追寻梦想，最后成为女孩子们（每个人、每个地方）的榜样，充分说明勇敢比完美更有力量。

重视有号召力的人。如果这个人去了某家公司，会鼓励其他人也加入吗？永远不要低估一个人的吸引力，这意味着这个人与他人建立了多年的友谊和信任。更棒的是，雇用这个人，其他一些杰出人才常常会接踵而至，因为无论这位领导人去哪里，他们都会紧紧追随。

选用那些能够帮助你和公司文化成长的人。我从那些与我一起工作的人身上学习，方式不胜枚举。他们处理过各种问题，在不同的组织工作过，对问题有不同的态度。对首席执行官（特别是处于职业生涯早期的首席执行官）来说，我强烈建议你们招聘一位一心助你成长为领导的人。不要淘汰掉那些看起来不是“文化适配”的人（参见“多样化的重要性——当你需要雇用多种多样的人才时”这一节）。要拥抱差异，密切关注真正定义公司的文化特征。

最后，提醒一下——不管雇用谁，都得讲讲公司的情况。不管公司能够走多远，你都应当宣传一下，说说与你一起工作和为公司工作会是什么样的情况。招聘为此提供了一个很好的窗口。不要让你的评价过程太过痛苦，否则应聘者会替你做出决定。祝你好运！

从第一天开始就要塑造文化
——当你需要创建公司文化时

从第一天开始就要关注文化，这是非常重要的。你想要公司代表什么？公司的目标是什么？其价值观又是什么？员工待遇如何？你觉得弹性工作时间怎么样？远程工作呢？你如何解决绩效问题？这样的问题不胜枚举，我可以一直写下去。

这似乎有些让人反应不过来，但是不管你是否设计，公司文化都会在公司发展中形成。所以，以下两点是非常必要的：

- 对你想要打造的文化有一个清楚的认识。
- 塑造你想要的文化。

塑造你自己的企业文化要注意以下几点。

不要将别人的文化作为自己的文化。真实最重要。对公司的发展蓝图你必须要有一个清楚的认识，否则行不通。的确，有人说模仿是最高形式的恭维，但是谈到初创公司的文化，仿效时下流行的做法可谓求败之举。

模仿来的文化（不管是仿造的桌球桌，还是带有“忍者”一词的怪异头衔）是不会持久的。打造强大文化的最佳方式是从一开始就关注你的价值观，考虑什么样的做法会有助于价值观的存续。强大的文化是真正的文化。

如何判定什么是重要的？先问自己一些问题。这些问题全都有独一无二的答案，可以帮你认清你是谁，你的公司关心的是什么。问题如下所示：

- 你有多节俭？企业数据创业公司Domo的创始人乔什·詹姆斯写了一篇博文[a]，谈到了他不更换办公室中脏地毯的原因，他说这样可以很好地提醒自己要保持“脏乱”。
- 你是如何体现自己对员工的关怀和培养的？我在LiveOps公司担任首席执行官时，首席财务官想要砍去免费食品的费用，我当然不允许这类事情的发生，因为这会给员工传递错误的信号。
- 你的办公室环境如何？在易贝，发现自己在格子间工作，我感到很震惊，但后来我注意到梅格·惠特曼也是如此，这种安排营造的是开放合作的办公环境。
- 你有学习环境吗？接受指导和个人成长的机会怎样？脸书有“骇客月”（Hackamonth），雇员可以离开原项目组一个月，参加一项自己喜欢的新项目。贝恩公司允许员工在第三年去做为期6个月的“司外工作”（externship），他们可以在不同的办公室工作或是为不同的组织工作。
- 员工必须待在办公室，还是可以在家里工作？在韦伯投资公司，

---

① www.joshjames.com/2012/04/dont-spend-money/

我们看重的是结果，而不是待在办公室的时间，我们允许员工在他们喜欢的地方工作。

- 你期待什么样的工作时间？在赛富时，员工每年有7天的时间去做志愿者，这表明人们在公司做的不仅仅是本职工作，他们还花时间参加社区活动。
- 员工应该在办公室待多久？谷歌工作场所的洗衣设备表明公司鼓励员工花更多的时间在工作上，而不是在家中。
- 如何解决截止期限的问题？在韦伯投资公司，截止期限是自己设定的，很重要。我们还规定，员工必须在几个小时而不是在几天内回复。
- 允许带宠物到办公室吗？我可不想让一只拉布拉多犬舔我的脸。我在LiveOps公司做首席执行官时，有一只拉布拉多犬进入我的隔间，狗的主人也不管。
- 你是如何欢迎新人的？在LiveOps公司，每一位新人第一天来公司，我都会亲自欢迎。我们也会带甜甜圈让大家一起庆祝新人的到来。糟糕的是，这又引发了另一文化现象——初创公司中员工超重20磅（约9公斤）！
- 你是如何应对员工离职的？在易贝早期阶段，我们没有花多少时间送别离职员工。最终我们明白过来，并支持他们去别的地方追寻自己的梦想，开始为他们开欢送会。
- 你是如何解决问题的？你是提早告诉他们问题所在，还是等待问题暴露出来呢？在惠普，梅格·惠特曼规定问题必须“24小时解决或上报”。在易贝和LiveOps公司，我们对遇到的每个问题会进行事后分析。我们不是为了责备，而是鼓励人们尽早寻求帮助，从错误中学习。

考虑一下随着公司的变革和发展文化会如何发展，也很重要。对三个创始人来说可行的事情，对 50 个人或 5 000 个人就不一定行得通。我们在易贝时不得不关注这一问题。在一些做法可能会改变的情况下，我们必须确定如何坚持核心价值观不变。（我们的关注焦点一直没有变，我们就是一个销售平台，使销售商成功是我们的第一要务，但是我们的确改变了一部分程序，例如，公司壮大以后，我不能就新的产品特点或每一个预算线项目做最后决策。）

- 有一点要记住，文化僵化得很快。同时，世界在不断变化和发展，文化也必须不断变革，才能跟上时代的步伐。例如，曾经盛行一时的管理风格是指挥和控制，现在人们认为这一点也不酷。如果你的公司文化不能吸引下一代员工，你也不去变革，最终你会失去他们。
- 创始人应该每隔半年审查一下公司文化，问自己一个问题：我们还信奉这一文化吗？曾经奏效的不会一直奏效，要做好变革的准备。你必须问自己：公司文化中哪些元素你要保留下来，哪些要摒弃。

我相信真实是最强文化的关键要素，因为它为文化打下了一个坚实的基础。同时，文化还要灵活多变。这种文化绝不是从其他公司抄袭而来的，而是源于坚定的信念，源于创造。

正如我在开头讲的，你的公司应该拥有自己的文化。你可以采取明确的行动维护这一文化，亲历这一文化；你也可以任其自己成长。这都取决于你。

（另：信后我加了一个附录，介绍了我工作过的企业的文化，目的是向大家表明创建公司文化并没有固定模式，在许多方面可以相互借鉴。）

附　录

我曾经就职于以下几家公司，也体验了以下几种不同的文化。

强大的家长式文化。IBM是首家让我获得专业工作经验的公司，我曾经一度认为自己会在IBM干一辈子。IBM实行的是一种等级森严的文化和一整套的价值观。这样的文化和价值观便于工作的安排和完成，但是不能孕育出尖端的创新。IBM的一条准则就是："你可能是一只野鸭子，但是在IBM必须编队飞行。"每一位管理人员都进行过行为准则方面的培训，员工常常戏称其为"洗脑学校"。该文化也强调指导和反馈。公司在员工培训上投入很大，很少从外面雇人，常常是从公司内部提拔。这有极大的益处，即优先考虑员工的感受，使员工觉得有安全感，得到了公司的培养。这种文化期待你将IBM放在首位——公司派员工去哪里，员工就去哪里，只要你表现好，就一辈子不会失业。

介于有与没有之间的文化。我希望每个人都待人公平，尊重他人。

IBM就是这样的，然而在菲吉（Figgie），情况却不同。菲吉是一家控股公司，有42家组合公司，其中包括卡特彼勒公司（Caterpillar）和罗林斯体育用品公司（Rawlings Sporting Gouls）。公司园区就像是高端的度假胜地，有两栋漂亮的砖结构建筑，中间有通道相连。菲吉夫人会为每个人的办公室选购美术作品（没有选择，没有表现自我的自由）。公司有篮球场和奢华的餐厅，每位高管还配有一辆捷豹，每周都有专人洗车。然而，卫星公司则没有这样的待遇。菲吉会买下这些公司，尽力提高其利润，然后抬高其价值，再将其卖出。他们的确是拿这些公司牟利。首席财务官必须在每一项用款请求上签字，当然常常被拒签。为此，卫星公司的每个人总是担心自己会被解雇，这些公司总是处于疑虑、痛苦的文化氛围中。我从未见过这种介于"有"与"没有"之间的文化三角洲。不到一年，我就离开了这家公司。

创新文化（及艰苦的工作）。在托马斯–康拉德公司（Thomas-Conrad），我们是网络空间的创新者。这一工作很令人激动，但是人们得工作很长时间，而且稍有过错就会被解雇。虽然我们富有创新精神，但由于公司不良的待人方式，它不是一个令人愉快且鼓舞人心的地方。

重视学历的政治型文化。昆腾公司是一家磁盘驱动器生产商，以其良好的文化而闻名，但是政治意味太浓。他们清楚表明我注定不会成为顶级高管，因为我没有"外在条件"，即没有哈佛商学院的学位。他们对这一文化贯彻得很彻底，也很有成本意识—每一分钱都很重要。

创新和愉悦兼具的美国西部文化。海湾网络公司是一家主营路由器和集成电路的公司，推动了互联网的发展。公司是由东海岸的韦尔弗利特公司（Wellfleet，像是一家西海岸的初创公司）和西海岸的新思科技公司（更像是一家东海岸公司，比如他们星期五穿西装）合并而成。在人生的这一阶段，我开始进入董事会，事业蒸蒸日上。他们使我取得了成功，还为我的成功而庆祝。在这里没有人在意你的出身。他们关心的是员工能够做好工作。公司对员工的期望很高，要求每个人努力工作。这是一个富有爱心、令人愉悦的地方。

不断变化的文化。我进入捷威公司时，公司正处于蜕变期。首席执行官刚刚上任，公司正要从南达科他州总部迁到圣迭戈。这是一个好公司，我在这里有很好的待遇。但我只在那里待了一年，不清楚其文化是如何发展并最终确定下来的。

双重文化，但都指向成功。易贝有两种文化：商业文化和科技文化。在商业方面秉承的是竞争文化。虽然每个人的工作都很专业，但是为了得到高管职位，还要付出艰苦的努力与他人竞争。在科技方面秉承的是合作文化。我们是合作紧密的团队，但我称其为“驮马”，因为我们知道如果失败，所有人下场都很惨。在这两方面存在着一种共同的文化，即按实际情况和指标衡量成功。

缺乏凝聚力的文化。我加入LiveOps公司时，公司的团队像一盘散沙。销售和管理属于一个阵营，工程属于另一个阵营，他们都在自己的办公楼办公，情况很糟糕。我们需要一个统一的文化，所以我们搬到了一个大家都能在一起的地方。此外，我们还举办了一些有趣的活动，将大家聚到一起，比如纸飞机大赛、星期四快乐时光、奥运比赛等。我们让大家融入打破部门界限的活动中。我们有一个志愿者团队，专门创办和管理我们的基金会。还有一个团队（LiveOps公司队）的志愿者帮助我们开展公司员工的互动和趣味活动。

由服务驱动的文化。马克·贝尼奥夫创立赛富时伊始，就十分关注慈善事业。他首创了1-1-1模式（捐献1%的股权、1%的雇员时间、1%

的产品回馈社会），他将此作为公司的核心工作，而且坚持了 18 年。他还关注创新，鼓励软件交付方法的革新。他一直密切关注任务的执行；用他的V2MOM方法严格地监控和驱动。V2MOM的含义包括：愿景（vision）、价值观（values）、方法（methods）、障碍（obstacles）和措施（measures）。我在赛富时董事会工作了 10 年，我发现，作为公司的一分子，看着它成长是一件很奇妙的事情。马克创造了一种重视责任和奉献的文化，他关心所有的利益相关者（不只是股东）—从他为争取同工同酬而进行的奋斗和对歧视性法案的反对可见端倪。

以过程为导向的文化。玛丽莎·梅耶尔担任雅虎的首席执行官时，大刀阔斧地对公司进行了改革。她每周五下午召开集思（FYI）会议，让员工发表自己的看法，谈谈公司最大的问题是什么，然后用她的PB&J体系[程序（process）、官僚作风（bureaucracy）和阻碍（jam）]——解决。人们很高兴有机会聆听他人的意见和提出自己的看法，特别是在公司处于困境时。

不断进步的文化。维萨公司凭借其特许权和品牌取得了极大的成功。现在，它正努力向一家技术公司转变，并打算向其他人开放自己的技术。支付领域随着新公司的加入和新功能的开发，正在迅猛发展。认识到这一点，维萨公司及其文化正在同步发展，为此我感到非常高兴。

多样化的重要性
——当你需要雇用多种多样的人才时

我打算写一封信，阐述一下促进多样化发展的重要性以及方法，结果发现每周，甚至每天都会遇到这一问题，而且变得越来越复杂。在我写这封信的时候，又有新的反对风险投资人和初创公司的声音响起。硅谷是我生活和工作的地方，因其专注创新、支持创业而深受我的喜爱。可有人却说硅谷有待大幅改善，以便容纳大量的就业人口。我们每个人都有理由更好地建设和拥护多样化的公司。

我不是多样化方面的专家（根本不是），所以我决定咨询这一领域的专业人士，帮我提出建议。我知道绝对不能忽略这一问题。你的公司越早解决这个问题越好，请认真对待这一问题。

要明白为什么多样化很重要。的确，我们都知道这样做是正确的。这也是使公司强大起来的正确举措。如果公司再多样化一些，业绩就会有所提升，因为一个多样化的公司更像是一个完整的社会，能更好地理解客户、社区和公司的目标。不要把我的话不当回事儿：有证据显示，多样化的公司业绩会更好。麦肯锡咨询公司的报告表明：种族多样化的科技公司，其财务收益高于同行业平均值的可能性增加了 35%；性别多样化的公司，财务收益高于其他公司的可能性增加了 15%。

我很荣幸有机会和科技领域最杰出的女性首席执行官一起工作：易贝的梅格 · 惠特曼和雅虎的玛丽莎 · 梅耶尔。虽然她们俩完全不同，但这两位领导人都以目标为导向，都能鼓舞人心。当我回过头来思考公司下意识地不让女性入职和担任领导职务时，我担心我们将来会失去许多潜在的首席执行官，而且我担心当我孙女看到杂志封面上都是像我这样的男人时，她们会认为自己不属于企业家这个群体。

我很钦佩重视这一问题的公司负责人，虽然他们认为这一问题“太难解决”，或者“不是我的问题”，但是他们提出了新的解决方法。马克 · 贝尼奥夫首先使赛富时的董事会呈现出极大的多样化。我看到了这种多样化所起的作用。董事会中有三位女性、三位非裔，其中一位还是前国务卿。我们有前驻日大使，最近新增了一位欧盟专员。在我任职期间，董事会合作有序，运行良好。所有这些新的经历使我们的对话更为丰富。

赛富时公司在多样化方面所做的努力并不局限于董事会，在整个公司都有体现。几年前，有两位女性高管来到马克的办公室，询问她们能否看一看公司女性的报酬是否低于男性。马克后来承认这令他很吃惊，尽管有些迟疑，但是思想开放、聪明睿智的他还是让人进行了一次内部调查。公司领导人查看了全球员工的薪酬（当时有 17 000 名员工），发现尽管他们从未有意少支付女性员工薪酬，但事实上他们的确这样做了。最后，他们拿出了 300 万美元补足女性员工的工资，解决了这种不平等现象。经过一年的创纪录增长，他们于 2017 年又进行了一次全球性薪酬评估，检查了公司两性和不同种族员工的薪酬。结果，公司又花了 300 万美元（到目前为止总共花了 600 万美元）解决意料之外的工资差距问题。马克还创立了“高潜力领导人项目”，用以提升职场女性的领导力。项目实施一年来，得到提拔的女性员工明显增加了。同时，公司还出台规定，以确保有职位空缺时能够将女性员工考虑在内。公司并没有止步于男女收入差距的弥合，他们还任命了公司首席平等官，直接向马克汇报工作，这些都体现了公司对多样化问题的重视。

要认识到你必须努力使公司更多样化，而且这样做是值得的。最近，我去一个投资组合公司参加了其第一次董事会议，我一下子就注意到新雇的员工都是白皮肤的年轻男性，问他们为什么这样做，他们告诉我："我们知道这是一个问题，但是目前没有足够的渠道找到其他合适的人选。"

问题是，这是一个他们能够解决的问题。如果他们想要保证公司取得最大的成就，这也是一个他们必须解决的问题。我得承认，我内心里有一个声音在说：我没有理由告诉这个公司要关注多样化问题，毕竟，我也是一个白皮肤的男性。但是在韦伯投资公司的 8 年中，在我 40 年的职业生涯中，我们逐渐认识到认真思考如何使公司具有包容性是多么重要，而且越早做越容易。

我知道要创建一家伟大的企业需要什么，我也知道有许多聪明能干、各具特色的人想要干这些工作，我看到有越来越多的女性和少数族裔员工加入了技术项目。我们投资组合公司的员工有 50%是女性，和美国女性的比例很接近（这两个数字常常重合），所以问题不在于"渠道"，这个借口是不恰当的。我咨询过的专家说："缺乏渠道是目前听到的最差劲的借口。"

量化你的问题。增进多样化的第一步是测量一下你的公司目前为此付出了哪些努力，比如雇用渠道的多样化程度有多高；雇员的构成（性别、种族、宗教、籍贯）如何；随着部门和工作角色的改变会有什么样的变化；就上述差异中的每一项，你是如何分配晋升机会的；任期有什么样的改变；以及薪酬分配是否公平。

这些问题有可能令人不快。即使只是问询，也很可能会在团队中引发摩擦，毕竟没有人愿意被贴上种族主义或者性别歧视的标签。要攻克这一问题，得先承认自己的盲点，认真听取他们的建议，共同肩负起弥补公司不足的责任。

趁公司现在还比较小，立刻行动起来吧。基于道德和信用，企业有义务欢迎不同年龄、不同性别、不同种族和不同观点的人进入公司。然而，我常常看到一些公司拖拖拉拉，不认真对待，等到文化出现问题时才想解决它。Elevate安全公司曾与韦伯投资公司在无线电信息网络实验中心项目上合作过，其联合创始人玛莎·谢多娃（Masha Sedova）促使我进一步思考什么时候公司必须开始考虑多样化这一问题。她告诉我多样化对其公司具有极其重要的价值，所以她从一开始就优先考虑雇员多样化的问题。玛莎说："不同背景的人解决问题的方式比较有趣。他们提出的解决方法是思维方式相同的人想不出来的。最早雇用的5个人为公司带来了多样性。"

所有公司都不能逃避这一重大问题。我知道做起来很难，但是我们必须优先解决公司多样化的问题，必须尝试从一开始就解决它。专家们说，多样化必须在公司早期阶段就反复强调，雇用了50个人之后才考虑这一问题就太迟了。

我曾经就如何创建一个多样化的工作场所向许多专家咨询过：斯坦福大学克莱曼性别研究所的执行主任洛丽·西浦·迈肯兹，人力资源解决方法提供商Talent Sonar公司的首席执行官劳拉·马瑟，Elevate安全公司的联合创始人玛莎·谢多娃，爱彼迎全球员工体验项目负责人贝丝·阿克塞尔罗德，以及易贝、赛富时和维萨的法律及人力资源方面的专业人士。下述这些步骤清楚，你现在就应该开始行动了。

让包容和多样化成为公司文化的一部分。以“合适”为标准雇用人，常常意味着要找喜欢我们公司的人。但是在你创建的文化中，如果合适意味着公司员工更为多样，那么多样化就与你未来的成功息息相关。

想一想你想要创办的公司——不只是一两处现在开放的地方。从长远来看，什么最重要？我们常常因为短期需求，不得不招聘一些具有项目管理等实用技能的人才。我们还需要考虑如何让每一个人对方法和经验的多样化都有所贡献。多样化会帮助团队不断壮大，战胜挑战。

面试前，就考虑好要录用具有什么样技能的人。不要使用问题清单。面试前先定好标准，这有助于对同等经历的不同应试者做出公正有效的评价。

不要理会那些只会增加偏见的无用标准。摒除任何可能导致优秀人才落选的条条框框，比如，对工作年限的硬性要求，毕业于知名高校，学过不太普及的课程，等等。我从洛丽的讲话中获悉，自从卡内基·梅隆大学决定不再要求学生高中时学过计算机课程，5 年内女性学生从 7% 增加到了 42%。你可以在每一个职位描述上附加一条声明，明确鼓励人们不要严格按照职位说明的要求申请工作。

摒弃雇用程序中下意识的偏见。撰写好职位说明后检查一下，确保这一职位不是只针对某一类人群，比如，男性群体更有吸引力。如果我们想要一个有才能的团队，必须男女应聘者都要看，不能只限于男性。要想想你的措辞。“居主导地位的”和“有竞争力的”被看作对男性有利的特征，却是对女性不利的特征。同样，“有竞争力的”“最佳的”“快节奏的”等词语对男性比较有吸引力，自动将女性排除在外。“忍者”也是如此，因为在日本历史上，忍者都是男性。像“极端的文化”或

“专门的”会使许多人敬而远之，没有信心去申请工作。专家说，其他一些诸如“忠诚”“激情”“合作”等词语对女性更有吸引力。这并不是说你不能使用这些词语，而在于你使用的方法——要确保职位说明写得不偏不倚，对男性和女性具有同等吸引力。玛莎为了消除性别歧视，吸引更多的应聘者，使用了一款名为“TEXTIO”的应用软件。她说最初职位要求偏重于男性，后来他们改变措辞，工作要求变得更加中性，对男性和女性具有同等的吸引力。

在看似不可能或被忽视的地方发掘人才。玛莎正在寻找办法让做了母亲的女性重回职场，这些女性曾经是优秀的开发人员，后来离开职场去抚养孩子。她了解到这些人渴望拥有传统工作尚不具备的灵活性，而这正是她能提供的。她说：“我没有见过太多有利于妈妈的工作岗位，所以我打算提供这样的岗位。”她在日托中心张贴招聘广告，招徕那些有才能的人，这也表明她理解她们的处境，愿意为她们提供机会。在LiveOps公司，我发现许多业绩最佳的代理都是职业女性，她们很看重灵活性，而这一点一直以来为美国传统公司所忽视。

雇用一组多样化的面试官。当女性应聘者能够和已经入职的女性交流，并且证实公司重视多样化这一问题时，她们很愿意加入公司。事实上，女性应聘者是否接受工作，最大的决定因素是面试官中是否有女性。洛丽解释说，面试官中有女性成员预示着女性应聘者可以在职场取得成功。而且女性应聘者留下来不只取决于她是否具有成功所需的技术能力。如果她认同成功的文化标志，留下来的可能性就比较大。此外，最好的办法就是追踪面试官的工作情况：新雇员愿意与谁交流？是谁帮助你发掘了公司中能够坚持不懈并取得成功的职员？

重新考虑一下如何定义多样化。在考虑多样化的定义时，视野要开阔。性别、种族、民族的多样化显而易见，其他种类的多样化也很重要，比如教育背景、地域、经济、家庭地位、是否残疾、性取向、性别表达与认同、政治倾向、宗教信仰、年龄和神经多样性（将点连起来的方式不同于常人）等。赛富时的总顾问艾米·韦弗告诉我："不同背景雇员的不同看法，更准确地反映出我们服务的社会的综合状况，有助于我们做出正确的决策。"

学会珍惜奋斗历程。我们常常重视过去成功的可识别标志，诸如精英学校毕业或在卓越公司的工作经历。我们不太擅长识别独一无二的人才，或奋斗历程较长、不太循规蹈矩的人。在很多情况下，那些应聘者表现出应有的勇气、复原力和创造性解决问题的能力。

运用数据和事实，抛开个人喜好，以相同的方式评价应聘者。一项研究发现，在简历完全相同的情况下，得到电话回复的白人应聘者比黑人多 50%。所以，要制定出规范的评价体系和度量标准，并且以同样的方式执行。一些公司在审核时去掉了应聘者的名字和照片，这样就不清楚应聘者的种族和性别了。

是时候转变对多样化的看法了，不要再将其看作"问题"，而应将其看作"机会"。到 2022 年，预计女性员工会占 47%，少数族裔人群占 40%。如果我们能够找到一种方式吸引每一个人，公司就会成为开放、包容、多样化的"磁石"，我们的公司就会更加强大，我们的未来就会更加美好。

如何创建工作环境

——当你想营造包容的工作环境时

我跟管理者强调过从一开始就要考虑多样化问题的重要性，以及雇用多样化职员的方法，但如何延续多样化的文化？既然你已经有了多样化的员工，那么如何留住他们呢？如何建立一种包容、有归属感的文化？

一旦有了多元化的工作环境，你就得做一些重要的工作，使所有人茁壮成长。这意味着要创造包容、具有归属感的环境。我又一次向专家咨询如何创建这样的工作环境。以下是专家的建议：

审视公司的文化。多样化并非只要按照你的方式雇用员工就能做到。要想真正使工作场所更具包容性，就要评价一下公司的指导方针和晋升方法。

要支持具有包容性的文化。令人遗憾的是，一些公司在早期阶段实行的是一种强势的"兄弟"文化，许多人感到备受冷落。拥抱多样化意味着你需要改变工作方式，以便让更多的人融入进来。公司应实行男女平等的政策。例如，陪产假有助于体现对初为人父的员工的体谅，也有助于员工为公司长期效劳。想办法使团队成员积极投身于公司的使命和工作，即使在他们照顾新生儿的时候也能如此。

减少偏见。正是由于你必须注意招聘过程中下意识的偏见，在雇员工作的各个阶段减少这种下意识的偏见就显得尤为重要。评估包容性要看以下几项工作：评估过程、晋升和继任计划。

要对包容性的领导行为进行鼓励和评价。确保认真对待任何问题（在你任务列表中所有标有小红旗的问题）。

让员工感受到工作的意义。你要明白，改善工作环境，促进多样化和包容性，也是对“传统”员工和千禧一代有益的事情。这可能包括促进工作和生活的平衡，揭示工作的意义，奖励忠诚，所有这些对各个类型的员工都很重要。想办法欢迎和赞扬每个人，确保没有人感到被孤立。提供男女通用的洗手间，营造令员工舒适的环境。

聆听。考虑在公司内部成立一个特别工作组，致力于提升公司多样化的程度。工作组每个月聚一次。赋予他们借鉴和使用其他公司方法的自由。认真听取他们的意见。赋予他们讲述和记录发现的自由——这也许令人有些不快，但是可以增加公司的透明度，让大家了解公司提高多样化的意图，有助于赢得下一代员工。征求不同类型应聘者的反馈，并请他们对你的所作所为打分，提出改进意见。

扩大范围。鉴于你想将公司打造成一个现代化的包容性的工作场所，我建议你扩大关注范围。你可以考虑实施一个针对女子大学或黑人大学的实习项目；帮扶一所位于危险社区的学校，在物质上资助他们，带学生来办公室参观，致力于改善学校的状况；让员工简述公司的发展历程，激励他们追随你的脚步。

在雇用多样化员工的道路上，你已经迈出了重要的一步，现在你必须确保所建立的文化会有助于他们的发展。要记住，这一工作必须持之以恒，尽管它需要你始终如一地投入和付出，但是有了这样的努力，你最终会得到丰厚的回报。

让管理者充分发挥作用
——当你招聘到一位高管时

恭喜你找到了一位心仪的管理者！接下来怎么办？

寻找新的高管加入团队似乎总是很艰难，但事实上，让他们成功融入团队，取得预期效果才是真正的挑战。恭喜你招聘到合适的人才。现在是时候带领他们取得成功了。

如果你是首次担任首席执行官，比团队中这位新的专业人士还年轻几岁，你可能会想：我雇了他，他是专家，他应该知道怎么做。切记，一定要抵制这一诱惑。我知道许多首席执行官践行的是这种管理理念，但到目前为止，还未看到他们取得什么大的成效。

作为管理者，你应该诚实守信，公平对待每一位员工，激励员工奋发向上，使员工能够尽职尽责地把工作做到最好。如果你这么做了，那就不会出错。不要被多年的工作经验、良好的声誉、虚夸的声势吓倒，虽然他们可能是所在领域的专家，但你是领导人，你要确保带领他们和公司走向成功。

要做到这一点，需要加强讨论和相互配合。要制定出成功的招聘策略和入职策略，需要进行大量的对话，才能达成一致意见：

- 成功会是什么样？
- 你对新招聘的高管有什么期待？
- 新高管有多大的权力？（他们有多大的权力雇用员工？在他们开除员工之前，应该让他们了解些什么？）
- 期待他们有什么样的表现？适合公司的文化模式应该是怎样的？
- 前三个月的情况如何？
- 什么样的文化模式适合公司？
- 哪些问题他们想马上解决？哪些问题要搁置一段时间再解决？
- 你们多久沟通一次？你们多久开一次会？

我将上述对话编辑成了一个文档，以便随时查寻。人们对目标和期望的理解各不相同，所以这种做法特别重要。我让新来的高管带头，记录我们讨论的内容，然后由我来编辑。我们两个人常常查看讨论记录，了解进展情况。我建议每周进行一对一（一个高管和一个员工）的会面，这样的会面也提供了一个就如何帮助他们取得更大的成功提出建议和征求意见的机会。

如果有什么事情让你焦虑，不说出来，对他人没有一点好处。当你说出担忧的时候，要尽可能实事求是地提出建设性意见，不要责备。

还有几点建议供参考：

你雇用这个人肯定是出于某个特殊的原因。你知道一些事情会以不同的方式处理，因此期待有所变化。你只需要清楚他是做什么的就可以了。

有许多问题要讨论，有许多经验要传授，但是不要忘了聆听。要提醒新的高管聆听的重要性。我认为应通过征求意见，了解什么事情进展顺利，什么事情需要改进。

正如前文所述，如果人事上有很大的变化，需要预先告知当前的团队，并且让他们接受如下事实：新领导处理事情的方式可能会有所不同。如果（或许更有可能）人们找你抱怨这些变化，你得聆听，还得把他们打发回去，与新高管开诚布公地进行讨论。

不要忘了最基本的东西！要尽一切可能使新高管有受欢迎的感觉。第一天上班的时候让他部门的人带他熟悉一下环境。要带他去吃午餐，如果你不能亲自去，一定要让团队中的其他人代劳。指派一个人去做他的“好友”，帮助他熟悉工作流程，并监督进展情况。

记住，你雇用某人是因为你需要变化。现在就创造条件进行变革，使他获取巨大的成功。要积极主动地管理。如果你只是坐等，会有更多的工作等待你去做。不要奢望事情会奇迹般地变好。新高管入职和适应工作做得越好，就会越快产生积极的影响，你也能越快地得到你想要的结果。

第二章　筹集资金

企业为赚取利润而存在

影响筹资成功的因素
——当无人愿意为公司投资时

虽然筹资事宜令你一筹莫展，十分沮丧（甚至有些难过），但是你要知道韦伯投资公司的组合公司也曾面临过同样的境况。筹资事宜的确耗时分神。你也可能感觉自己就像是堂吉诃德，不停地追逐着风车。

在我们的行业中，投资情况非常极端，有时每个人都想给你投资，而有时却没有一个人愿意为你投资。如果你属于后者，那么关键就是将重心放在公司业务上，让投资尽可能具有吸引力。如何应对这些挫折，如何优化时间和精力的分配，将影响筹资是否成功，也影响日后你是否快乐。

首先，你交谈的对象合适吗？在拟定投资人名单时，选择、审核投资人可谓重中之重。你是否有机会和那些熟悉市场的投资者和顾问交流？他们能给你提供建议，有可能为你敞开大门。如果你发现与自己交流的投资者正处于事业起步阶段，看起来很随意，那么你很可能找错了对象。

我们经常建议创始人将投资者分为不同类别（我们称之为“出击”）。每次将 3~5 名投资者分为一组，作为一次出击的目标；每次联系一个小组，而不是一次性联系所有人。

这种方法看起来可能比较慢，但是当你连续地各个击破时，会收集到有效反馈，开启良好的势头。

筹资就是建立并且保持这种势头。一旦带头人就位，融资轮次很快就会接踵而至。但是如何找到这样一位带头人呢？最初对投资者出击时，你与许多带头人都交流过，也与每个天使投资人交流过，这些投资人甚至在带头人就位之前就可以起到带头作用。最后由带头人决定融资怎么开始，而有些时候你与出色的天使投资人交流成功的话，也可以鼓励带头人行动起来，或者将你介绍给与他们经常合作的其他人。这虽然让人觉得有些不合常理，但是从一些小的初创企业入手，有时会获得更好的效果。

你为成功做好准备了吗？和这些人会面，你有什么优势吗？通常对一位创始人来说，融资最重要的资源是有足够的现金周转时间（你目前还不需要筹集资金，但感觉时机正好）。你对投资者的要求有意义吗？你为公司现阶段发展筹集到适量的资金了吗？你有得力的团队和有效的方法攻克市场了吗？投资者会抓住那些被认为是“交易杀手”的问题不放，那些缺点会让他们忽视公司的优点，因此如果在会面前能解决一些重大问题结果就大不相同了。

会面结束后，你会认真思考投资者的反馈，并据此采取行动吗？如果你注意到了投资者回应的方式（例如，他们认为这个想法为时尚早，对市场和竞争对手提出了诸多疑问），那么最重要的就是你要着手解决这些问题，并将反馈熟记于心。投资者的反馈很容易被忽视（例如，“某投资者和我只待了30分钟，他们怎么可能完全了解我打造的产品呢？”），但是投资者见识过很多公司，对市场有很好的把握，知道哪家公司什么时候“可资助”。如果你目前资金充足，有时暂停筹资一两个月，专注于公司业务以及对外宣传，也可以获得很大的收益。

你对投资势头的把握准确吗？势头是可以看出来的，你也知道什么时候势头较好。后续会议并不一定代表投资势头。投资者有投资倾向吗？他们就接下来的步骤主动与你联系了吗？你发现自己一直在追着投资者跑吗？在韦伯投资公司，我们通常把投资比作恋爱，当一个投资者对你的公司很感兴趣，他会克服重重困难给你投资，你会觉得进展速度非常快。

开始考虑备用计划。你能用筹集到的少量资金取得实质性的进展吗？还有其他潜在的投资人（例如，企业风险投资集团或行业内企业）吗？潜在的投资人可以带来巨大的价值，同时在基金授权方面有更大的灵活性。你还应该了解哪些公司有可能收购你的公司，开始接触这些公司的联系人，只要在你与投资者接洽时能帮你造势就行。

但是有些事情还需避免：

筹资过程很容易陷入痛苦之中。不要把注意力放在那些看似很容易就能筹到资金的公司上，也尽量不要贬低那些对你的公司不感兴趣的人。投资者很善于捕捉这种情绪，常将这种情绪视为软弱和缺乏毅力的表现。

不要人为设定期限或是施加时间压力。投资者知道什么时候该出手。急于进行后续会议，或者想在一轮投资即将到来之际弄清楚投资情况，往往会让投资者找到拒绝的借口。（你会听到这样的答复："这一次，我们在截止日期前还无法满足你的要求。"）

面对有关业务或筹资状况的问题时，请不要遮遮掩掩，也不要模棱两可。投资者应该做好自己的功课，他们最终会了解真实的情况，因此控制好这个过程以及对话，要比试图回避这些问题好得多。（再说一遍，这可能会使投资者有借口迅速把你给“毙掉”。）对于投资者来说，了解你现在面临的棘手问题却还是把钱投给了你，比起因为你的花言巧语而把钱投给你要好得多。

筹资过程可以帮助你成为更称职的首席执行官。筹资过程很像销售，只不过你不是在销售产品而是在销售股权。虽然这个过程很可能让人身心俱疲，但你可以在此过程中得到反思、说真话的机会，并且专注于驱动业务进展的重要元素。此外，这种经验可以鼓励你和团队在下一轮的融资中抓人眼球。在与下一轮的几位潜在领投人交谈时，询问他们想在你的公司中看到什么能力。尽情地专注于获取这些信息（最好是在资金耗光前的 6 个多月开始），那么下一次的筹资经历就会大不相同。

在高压之下保持高瞻远瞩

——当人们争相为你投资时

当人们争相为你投资时，好好庆祝一下吧！许多首席执行官做梦都想遇到这样的情况，所以你应该为自己能引起众多投资者的兴趣和关注而感到自豪。下面是我们多年来一直和创始人分享的几条建议。总的来看，这些建议都围绕着一个共同的主题——在高压之下保持高瞻远瞩的重要性。

放轻松，记住旅程才刚刚开始。创始人很容易陷入筹资带来的兴奋和激动中。作为一名投资者，我必须发挥想象才能体验到你的感受。

记住，只有你能统筹全局，规划时间，设定预期。投资人有时会不断加压，规定最后期限，占用你的时间，限制你的想象力。你要审时度势，确认自己是否找到了合适的投资者。你是否认识这样一些人，你听说过他们的成就，但没有更多的接触？如果是这样的话，在这轮融资结束之前试着主动与他们接触。你会和投资者合作很长时间，所以合适的投资者对你的公司有长远的影响。

多向朋友和顾问咨询。与你信任的人一起仔细审查各种投资协议的差别，详述与不同合作伙伴之间的经历。聚在一起各抒己见，或是围绕你为何选择某个投资人展开激烈讨论（哪怕是一个简单的利弊清单），这些都是有意义的。我们建议你找一个中立的咨询人来与你一起做，无论是创始时期的合伙人还是早期的天使投资人或顾问都可以。

取消约定很难。在你寻到领投人之前，尽量克制自己，不要再筹集小额资金。在初始阶段，来自朋友和天使投资人的投资会很快累积起来。不管是 5 万美元还是 10 万美元，每一笔投资都很重要。这个“投资池”越大，就越难设定潜在领投人的预期，同时，在这样的情况下，如果已经没有投资空间，就意味着很难和你的天使投资人重新设定预期。在刚开始的时候不要马上就确认所有投资数目，你可以对他们表示感谢，并言明自己渴望与没有设定份额或确定投资金额的人合作。在筹资开始时适度保持灵活，通常在后期会受益匪浅，同时还能避免与朋友和公司的早期支持者撕破脸皮。

反省自己是否有偏见。有时，有些创业者会因董事会缺少动力而忧虑，或是为公司治理方面存在的潜在问题而担心。还有些创始人非常担心股权稀释，过早地抱守自己的优势。消除偏见，说起来容易，做起来则难得多。要想清楚哪些选择会对公司产生长远深刻的影响。有时候，找到一位强有力的董事会成员是至关重要的，他相信你的团队和你的远见，但也会挑战你。有时候早期的股权稀释会带来更好的效果。当你列好条款清单，决定向前推进时，要认真思考，彻底弄清楚背后的原因和潜在的偏见，然后做出有利于长远发展的选择，这一点极为重要。

估值不要过高。这种情况我们见得多了。公司发展良好、炙手可热时，因急于在这轮融资中获胜，拿到一定数量的资金，公司创始人估值时往往会出现估值过高的情况。硅谷媒体喜欢报道企业的交易前估值，并没有意识到这样做无异于提供了一把双刃剑。那些投资可能会让你觉得自己正在创造巨大的价值，但接下来却经常会出现严重的问题。如果公司的发展减缓或是没有达到预期，你就得冒险去面对一群愤怒和失望的投资者。如果大气候发生变化，或者因为某些原因，你的公司暂时失去吸引力，融资就可能减少，公司以及投资者也会受到长久的影响。但这并不是说你应该有意地保守估值，以免达不到融资预期。相反，建议你选择一个你和你的团队能够达到的合理估值，它能为你取得双赢奠定基础。

记住，在融资谈判中，你有决定权。谈判各方都应保持灵活性。许多投资者经历过无数次这种过程，而创始人最多也只经历过几次。身处激烈的谈判环境，要意识到你的权力比你想象的要大得多。如果你想得到合理融资或是考虑到其他战略投资者，那么保留投资空间是很重要的。在谈判中要明确这一点，并且预留一些融资空间。杰出的合作伙伴很少在这个问题上提出异议，因为他们也明白在合作中有更多伙伴是很重要的。如果你想确定期权池，要尽早与你的带头人敲定。

在整个过程中要坦率、果断，设身处地地为他人着想。要记住这是一个长期的过程，在这个过程中遇到的许多人日后还会再见。妥善处理好与他们的关系，以便在下次见面时，他们仍能像现在这样急切地想和你合作。你不一定总处于令人眼红的融资阶段，因此与投资人搞好关系，留下后路，非常重要。（尤其要注意的是，对时机和估值的错误预期可能会在未来引起摩擦。）

要理解投资者可能会采取的策略方法。投资者有很多可以用来赢得谈判或者能对结果产生影响的方法，最常见的有：

- 推翻条款清单。有些投资者会抢在他人之前提供给你一份投资协议，有时候，协议中会有一项条款写着：如果你几天之内不接受，协议就会终止。应对这种策略的最佳方法就是告诉他们，你想为公司更好地服务（这个说法可以为你争取时间），或者你正在寻找一位最佳合作伙伴，因此不明白为什么在这么短的时间内就要确定。如果他们想要说服你他们就是最佳合作伙伴，那么就不要和他们合作。

- 让你感到内疚。如果你不与他们合作，投资者可能会试图让你深感抱歉。作为创始人，重要的是将自己的个人感情与公司的利益分开。做到礼貌足矣，让他们知道，虽然你非常感谢他们有兴趣与你的团队合作，但是你仍需仔细权衡，做出对公司未来发展最有利的选择。
- 精彩的出游和专享的聚会。你可能受邀参加一些特别的活动。要清楚这实际上是与投资者的聚会，利用机会看看这些投资者、创始人和同行是如何进行社交的。

再次祝贺你处于这样令人羡慕的位置，要明白赢得这么多投资者的青睐是多么难得。你还须谨记，这只是开始而已，经营公司真正的困难还在后头。对一家公司来讲，达成目标往往需要数年时间，因而我不建议急于完成融资。在此期间，你要尽可能地像组建团队和打造产品时那样深思熟虑。

精心组织融资轮

——当你为种子轮融资拟定条款时

恭喜你！如果有人想给你的公司投资，那么你已经拥有了一个良好的开端。现在，只需要就细节达成一致，精心组织融资轮，并与投资者团队建立良好的关系就可以了。在做这些事的过程中，要记住以下几点：

自己做研究

研究融资轮次结构。许多早期融资都是通过可换票据或签订未来股权简单协议（SAFEs）完成的。由于未来股权简单协议是有关未来股权的协议，因此这些条款最终取决于协议设定时和未来股权融资时设定的条款。因此，了解其如何运作，以及理解诸如上限、折扣、按比例计算、清算优先权和最惠国待遇等常用术语非常重要。

做好数学计算并创建模型。可换票据的运算很棘手，结果也不太直观。所以制作一个简单的电子表格，弄清楚怎么转换，包括A轮在内的所有轮次都要弄清楚。计算你的股权稀释度，并查看股价在几个轮次中是怎么变化的。

确定自己要承担的责任

下一轮是什么轮次？下一阶段可能是A轮，或者其他早期轮次，也可能已经开始盈利。许多公司早期不只融资一个轮次，所以不妨试一试，尤其当你处于种子轮、融资金额较小时。你还要征询周围的人，估计一下A轮的规模和价值（一般来说，规模应该是投资后的20%~30%）。要多获取一些数据点，不要指望会有异常值。

公司的目标节点是什么？和一些管理者和投资者谈一谈，了解一下要到达下一阶段还需要做些什么。可能在收益、产品的使用、团队的规模等方面需要达到一定的量，也可能是别的事情。公司的目标节点应该既现实又高远：你不会希望在达到目标节点前就已经把钱用完，也不会希望到了那里才发现自己设定的目标太低而无法进行下一轮融资。

你需要多少钱？要想到达目标节点，你需要多少时间？哪些团队成员能到达？需要哪些资源？总而言之，究竟还需要多少资金？要保守一点，给自己留一些喘息的空间。实际进展通常比预期的要慢，而进行下一轮融资也需要时间。我们通常建议公司在种子轮中筹集到的资金至少能周转18个月。如果无法做到这一点，要重新审视到达目标节点的时间，最好再加一些缓冲时间。

定价要公平

考虑股权稀释。许多种子轮的稀释率为20%~25%，这意味着种子轮投资者在下一轮融资之前就拥有公司那么多的股份。有时稀释率也可能低至15%或高至30%，并且还有出现在此范围之外的特殊情况。这里没有硬性规定，但可以提供一个数据点帮助你确定从哪里开始。

要未雨绸缪。在绝大多数公司都会倒闭的早期阶段，第一批投资者给予你支持是承担了很大风险的。请善待他们，并在下一轮价格上涨时给他们甜头。如果你已经接近目标节点，那么前进一小步就可以了。如果你刚起步并希望在18个月内获得200万美元的收入，那么就应该提升估值。检查一下融资模式，并讨论怎样才能做到公平。

市场定价胜过一切。最终，你和投资者之间确定了条款，而且只要你同意条款内容，一切就会按部就班地发展。如果对你项目感兴趣的人很多，那么你可以精挑细选；如果不多，你只能是有什么就要什么了。无论是哪种情况都要保持在合理的范围之内。你不想将公司的股份出让太多，也不想让投资者因为出的价格和下一轮的一样多而吃亏（或者想比下一轮出价高，因为这会导致其他问题）。

共同设定条款。如果你还没有得到对公司投资的重大意向，请保持开放的态度。如果你想自己制定条款（或者与为你提供小额资金的人一起制定），你的预期可能无法达到。与公司早期的投资冠军一起制定大家都认可的条款，会让所有人都信服，并且为日后协作定下基调。

多考虑长远利益

仔细选择合作伙伴。好的投资者将来会成为好的合作伙伴，他们将帮助你发展公司，筹集资金。四处打听一下他们的声誉，以及帮助他人的能力。

优先考虑最重要的事项。有的管理者主要想得到资金支持，有的管理者则专注于从投资者那里获得帮助以及良好的人脉，有的管理者希望尽量减少股权稀释，有的想要额外的渠道。事情的轻重缓急一定要确定好，不要在小事上过多地费心费力。如果你把优势押在某一项上（例如价格），请注意权衡其他条件。

这不是竞争。如果你的一位朋友以很有利的条件筹集到了资金，或者你读到撰写热门公司的文章，你就会忍不住将自己的公司与这些公司对比。请专注于自己的公司。对比将毫无意义，拥有适量的资金和支持才至关重要！

让投资者看起来很聪明

——当你需要给公司估值时

为初创公司评估有点像在超级碗的比赛开始之前试图通过计算知道最后的胜者。二者都极具挑战性，但不同的是，比赛赢家和输家在吃完玉米片、知道胜负后会各回各家，而投资者和企业家还将共同合作很多很多年。

当然，你希望公司获得最高估值，但从长远角度来考虑问题更为重要。估值过高，公司损失较小，看起来像是你赢了，但势必有一位投资者兼董事会成员出的价格过高，他会因高估的交易造成的过度支付而大发雷霆。

我们曾经遇到过一家公司的创始人，这家公司提出的条款略有些激进，部分原因是他们的财务预测有些激进。未能达到预期时，他们认为情况还不算糟，因为每个人都知道他们的预测会打折扣。但他们的新董事会成员就没那么宽容了，觉得当初他的投资过高了——这在董事会中可不是好的动态。

公司必须估值，以确定公司的价值以及新投资者持有多少股份、公司持有多少股份。一般来说，企业家会过分强调估值。因为公司价值代表的是公司的声誉，也因为企业家坚信他们的公司日后将取得巨大成功，所以稀释每一点股权似乎都是一个巨大的损失。另一方面，投资者通常在条款制定上过于激进，为了达到某一所有权门槛，宁愿不断优化条款，而不是想法确保公司良好的发展态势，争取在下次需要筹集资金时能够有 2~3 倍的增长。

这好似一种奇妙的舞蹈，不过要记住，大家必须共同努力，尽可能使公司成功。以下几点要认真考虑：

什么时候筹集资金？时机很重要。只要你有足够的现金，公司进步越大，融资就越顺利。在公司处于优势而非弱势的时候进行融资比较好。你绝望的时候，人们一眼就能看穿。筹集资金就像获取信贷一样——当你不需要它的时候很容易获得，而当你真正需要时又很难得到。此外，请记住，有很多事情不在你的掌控之内。从 2008 年年初到年中，公司的估值可能很高，但几个月之后，全球金融危机爆发，你就无法获得与以前相同的估值——如果你还可以筹集到资金的话。

筹集多少钱？你需要多少钱？在某些方面，初创公司如今需要的钱比从前的公司要少，但是你也应该筹集足够的资金，以免日后经常筹资。我们建议现金周转最好维持在 18~24 个月（现金周转期越长越好，因为事情干起来往往比预计的时间要长）。

市场愿意给你什么估值？你必须确定你的公司（想法和团队）的真正价值何在。从一些友好的消息来源征求反馈意见，看看市场目前在哪些方面为像你这样的公司投资。基于公司的收益、所在的行业，或竞争对手的不同，答案可能会随时改变。我们曾合作过的一家公司本来能够轻松进行B轮融资，但谷歌随后进入了他们的市场，免费提供他们曾经提供的服务，所以这家公司就出局了。趋势也在不断发生变化——在 2013 年，你可以轻松地用一个以“优步+×”开头的套路来筹集一轮资金，其中 × 可以是洗衣店、酒，甚至是家具。今天要是还用这个套路，风投连电子邮件也不会给你回复。

基于投资环境的不同，风投和创始人之间的关系也将发生变化。当有充足的风险资本时，投资者会争相为几桩交易投资，你可能期望筹集到更多的资金，尽可能少地放弃股份。颇为怪异的是，你最终可能会遇到需要与自己谈判的情况——如果风投在条款上相互竞争太过激烈，它们最终可能会按照你的预期在 6 个月或 12 个月内，甚至 18 个月内支付。如果最终错过了估值，你能否在下一轮中筹集到资金，或是以较高的价格出售股票呢？如果不能，投资者会采取什么行动？（提示：不会是有利的行动。）

所有这一切都考虑周全后，公司就可以开始考虑股权稀释的问题了。通常情况下，大多数公司创始人为前几轮的融资放弃了公司 15%~25% 的股权；随着公司进入成熟阶段，他们拥有的选择更多，公司股权稀释的比例越来越小。优秀投资人付出的时间和精力很多，请尽量给予他们足够多的股权，但不要给他们太多，否则你会失去对公司的长久掌控。

估值并不是唯一重要的因素。有一次，我看到一位投资者的条款清单，在种子轮融资就需要三个不同的董事会席位。我让创始人尽快撤回来。条款清单可以包括董事会席位数量、观察员席位数量、债务处理规则、如何解雇首席执行官等规定。向你的朋友询问最坏的结果，并在签字之前让律师反复阅读你的文件（自己也要阅读）。另一方面，你可能想降低估值，这样会为企业带来最优秀的董事会成员。

总的来说，我们要求创始人以人为先。与投资者长期合作，你在哪个融资轮次得到什么样的估值并不重要，重要的是你在各个阶段、在诚信方面做得如何。不要放弃过多的股份，但如果你经过深思熟虑，想为每个人谋求较大利益的话，我保证这个过程将更轻松、更愉快。在韦伯投资公司，我的团队成员这样讲："在18个月内，你要让新投资者看起来很聪明，但不要太聪明。"对于每个人来说，这是获取最佳交易和最大回报的秘密所在。

短时间建立一个引人注目的企业

——当你刚刚筹到第一轮资金时

恭喜你！终于迈出了第一步，该适当庆祝一下了。你和朋友——也许你们拥有一种产品，也许没有——刚被专业投资者认可，并投了大笔资金。所以，喝一点（不要太多）香槟，然后去远足，邀请投资者一起玩玩激光枪战吧。筹到外部资金有可能是公司发展的众多里程碑中的第一个，所以值得停下脚步庆祝一下。

当然，真正的工作才刚刚开始。假设你已经筹集到足够多的资金，可以周转 18~24 个月，你现在大约有 75~100 周的时间，然后才需要在银行存入更多的现金。为了让自己在下一轮融资中处于最佳位置，你需要在银行留下够 2~3 个月使用的现金，这意味着在此之前的 2~3 个月就要开始融资。

换句话说，你基本上有 12~18 个月（50~75 周）的时间建立一个引人注目的企业。其间，你需要充分利用杰出的新投资者给你的投资。如何才能很好地利用投资，以下是一些建议。

写动态报告。简短却频繁的交流比稀少而冗长的通信要好得多。更新动态更容易执行。由于企业内有许多事情不断发生，及时更新动态可以很好地反思顶级目标，也可以保持业务方向。

重要的是，写动态报告还可以激励投资者伸出援手。我们是一个竞争激烈的群体（这样说也许有些以偏概全），一位投资者的帮助可以带动其他投资者也来帮忙。因此，每次发送动态更新，就相当于请求或呼吁那些杰出的投资者伸出援手。动态报告中的这些信息会激励其他投资者给予你更多的帮助。

当开始分享这些动态报告时，你可以询问投资者在进入下一轮融资之前哪些指标或数据是他们认为值得跟踪的。将这些数字添加到每周或每月的动态报告中，会促使你养成收集和呈现这些数据的习惯，为长远的发展做好准备。

寻求引见。早期投资者的主要工作方式之一是通过引见不断地与潜在的投资人见面。引见分为很多种类：客户发现、潜在雇员、潜在客户、专业服务、其他投资者等。当你处于主导位置时，重要的是要寻求那些真正对你有效的引见。

假设在大多数引见中你只有一次给别人留下深刻印象的机会，那么问问投资者这个时候接近联系人的时机是否合适似乎是个不错的主意。

建立一个非正式的董事会。我们已经看到创始人组建了一个非正式的董事会，既有准董事会，也有潜在客户的顾问委员会。

一个非正式的董事会使你具备传统董事会的所有优势，但没有真正的董事会可能带来的潜在风险和正规的管理（他们不能解雇你）。选择自己喜欢的人和可以带来价值的人，要求他们每个月或每个季度定期会面。请求他们监督你履行职责。这样做可以使你在进入下一轮融资前获得宝贵的经验，并且可以发现和解决问题——如果没有他们在模式识别上的帮助，你可能会误入歧途。

最重要的是，如果没有用，可以随时解散董事会。顾问委员会则有些不同，这是一种将潜在客户变成顾问的好方法。如果做得好，这会是一个不错的绝地反击的方法——你将一个可能成为你顾客的人变成一个主动建议你如何让他们想给你投资的人。你可以专门拜会这些人，或定期与他们聚会，获得更大范围的反馈。请记住：即使是成就非凡的人也喜欢因付出时间或提出洞见而得到人们的认可。要不吝赞扬，这样他们会很乐意提供帮助，有些人甚至会成为公司的一员。

要注意：在你获得产品或市场匹配的证据之前，这些顾问可能没有多大的价值，只会分散你的注意力。我们曾经看到顾问委员会由一些对公司来说没有什么经验的人组成，这是错误的。应该将顾问席位视为稀缺资源，只有具有丰富专业知识的人才有资格占据。也许你应该考虑暂时不设顾问委员会，因为通常情况下，在企业的生命周期中顾问有 6 个多月没有多大的作用。之后，要制定相应的协议。

获得管理帮助。我们见到过许多初创企业的领导者。初次创业，你可能会有各种各样的新工作要做，压力大，耗时多，与最重要的事项（打造一个长期有保障的企业）毫无关系。虽然投资者永远不可能比你更了解企业的独特之处，但他们可能比你更了解那些会让你脱离正轨的分心之事。他们还可以帮助解决不断涌现的各种人际关系问题。

为下一轮融资寻求真诚的建议。既然种子轮筹到的资金已经存入银行，现在就开始考虑当你需要筹集下一轮资金时，你能取得什么样的丰功伟绩吧。你的丰功伟绩名气越大，在融资方面的影响力就越大。虽然下一轮融资不应该是唯一的目标，但它确实与公司未来的成功密切相关。一般来说，优秀的 A 轮领投者会因挑选出最好的 A 类公司而赢得声誉。

从他人的失败中吸取教训。每个投资者都有丰富的人生阅历，也都见识过公司的倒闭。询问一下这些公司的情况——从中可以汲取很多的经验教训，通常有助于你干出一番大事业。

避免投资者带给你的烦恼。投资者可以提供极大的帮助，但也可能令你极为烦恼。在会议结束后，按实际情况评估一下你花时间从他们身上得到的东西，例如提供的信息资源、付出的精力等。梅纳德经常为他应该向会上提供建议的特定董事会成员支付多少薪资而感到烦恼。有时，你最渴望发表高论的人所提供的建议却最少。

自己做出决定。再说一次，除了你自己，没有人为你经营公司。一般而言，投资者的激励与你密切相关。 当他们提供建议时，你通常可以认为他们出于好心，并且背后有来之不易的智慧，你的职责是考虑他们的见解，验证和权衡他们的想法，最终做出决定。投资者还要依靠你来处理信息并做出你认为最好的决定。

把投资者看作倡导者。最后，请记住，早期投资者与其他投资者的关系没有几十年也有好几年。如果他们看到公司的发展，（如果你愿意的话）他们还可以在你需要考虑筹集更多资金之前，让你的未来领投人热热身。他们连自己的声誉也搭上了，所以他们看到的越多，越会努力让其他投资者兴奋起来。

当然，我们很乐意为此提供帮助。但首先，去（适当地）庆祝一下吧。你不开始，第一周永远也不会开始。

让每个人走向成功的激励机制

——当你需要思考薪酬时

薪酬是一个复杂的话题。有许多重要的细微差别需要了解，要做好功课，了解其影响。

我相信，最好的初创公司都有充满斗志的团队，并且所有股东都有动力。创始人的薪酬应该与绩效挂钩。从投资者的角度来看，我们是在提供资金（希望有所帮助）。如果公司获胜，我们就赢了；如果公司失败，我们就输了。我个人更喜欢获胜，所以我希望看到能促使每个人走向成功的激励机制。

这通常意味着创始人愿意承担很大的风险。我十分反感那些不想冒任何风险的创始人，尤其是当所有参与者都冒险时。作为投资者，我一直在寻找那些愿意与我一样承担风险的企业家，这意味着获得大量股权，但放弃了大笔薪酬。

创始人应该为自己付多少薪酬呢？薪酬应该足以满足你的基本需求，这样你就可以全身心专注于公司业务，但没有在大公司挣得多——因为那会消耗太多现金。更糟糕的是，当你向新员工解释他们的薪酬为什么低于市场价值时，你就或多或少失去了一些谈判优势。初创公司自然缺乏现金，创始人必须将现金保管好，用在公司发展上，所以获取股权应该是创始人在财政方面最大的动机。一旦公司进一步发展，创始人就可以考虑提出涨薪的要求。例如，公司B轮筹资之后，我们经常会看到创始人薪水上涨的现象。

团队其他人的薪酬呢？我希望看到每个人都能承担风险，但你得支付给他们足够的薪水，他们才能完全投入工作中，而不必再从事另一份工作或靠储蓄生活。随着公司的发展，薪资水平可能会接近市场价值，但在一开始这是不可能的。让每个人参股是一种很好的方式，可以将个人利益与企业利益挂钩。可考虑采用滑动选择模式，员工可以选择是现金重要还是股权重要。我倾向于鼓励员工承担风险，但这不应包括有子女要抚养、有抵押贷款要偿还的人才。

有例外吗？与往常一样，你需要了解全部情况，以便了解何时可以破例。当梅格·惠特曼聘请我时，她希望我能帮助易贝解除困境。当时捷威公司支付给我的薪酬很丰厚，因此她提出的待遇必须非常诱人，才能使我和家人搬到旧金山湾区，加入一家陷入困境的创业公司。你得知道什么会“打动”他们，从而使他们全心全意为公司服务。一名“杀手级”工程师会被多家公司争抢，既有高薪，又有大额股权。了解其他创业公司提供哪些待遇以保持自己的竞争力。（不要拿自己的公司与大公司相比——你支付的现金报酬较低，上升空间较高。）虽然有时可能需要打破惯例，但要明白你做出的每一次薪酬决策（或打破惯例）都将开创先例。

使命很重要。有才华的人可以去成千上万家公司工作。如果你的事业，以及你对这份事业的投入程度，真正使某个有才华的人找到了他的人生目标，那么在谈判中你会有更大的优势。而且，假设你适当地培养并投资于此人，他留在公司的时间会比那些为金钱驱动的同行要长。

还有什么需要考虑的？重要的是如何得到优待，以及你如何对待别人。有许多创始人不拿薪水，或不多拿股份，因为他们知道最好的回报是增加他们手中股份的影响力。但这很少见。初始阶段，股票奖励应该完全基于投入的时间。当公司成长起来，有时除了时间投入，还要更多地考虑绩效目标，并且一旦上市，你需要基于绩效和时间投入（各占50%）进行股权奖励。

我曾与许多企业家打过交道，所以我知道在我们遇到的优秀企业家中，经济收益并不是最重要的。如果你想像他们一样改变世界，金钱就是次要目标。你可以不要丰厚的报酬，不要股权，还愿意拿出99.9%的时间，因为除此之外你无法想象还能做得更多。

制订一项支出计划
——当你需要设定预算时

在初创时期，管理收支十分容易。不过，我仍主张制订一项简单的支出计划——知道自己在员工、营销、软件、计算机、租赁、家具等项目上支出了多少。即使在早期，你也可以借此发现你现在所做的事情与之前想要做的有什么不同，更重要的是，如果两者不符，你可以找出原因。

一旦公司成长起来——当然是在A轮和B轮融资之间——你就需要一个更为正式的预算流程。这是艺术与科学的融合。

实施预算流程的艺术就是确保这一过程遵循以下原则：

- 你把全部（或几乎全部）的资金投在了最重要的事情上。
- 支出明确。
- 有明智的支出机制。

大公司在设立预算流程时花费数月时间很常见。他们经常设置自上而下的目标，并要求员工自下而上申请。问题是，这两大阵营一般不会协调，从而造成紧张局势并导致预算大战。在事情解决之前，人们常常感觉自己既是赢家又是输家。

在IBM的时候，我所在地方的财务负责人试图给这种紧张局面增加一点游戏化的成分，他为预算流程中的人物设定了几个角色。一个角色是“园丁”，他告诉我们要小心，因为当你每次剪枝时都会出现新的萌芽。那他的解决方案呢？“从根部切断。”另一个角色是“垂死的人”，一个坚信公司无力回天的人。在这种情况下，他的解决方案是“重新赋予他生命”。

但创业公司没有时间分心或是花钱做这些事情。我的建议是：

虽然制订年度预算计划有益处，但你要明白公司刚刚起步，不易具体实施这种方法。收益预测总是出现这样或那样的错误，因此每个季度要做好调整预算和实际费用的计划，这样你就能看出不断壮大的企业需要些什么。如果销售没有增长，也许是招聘工作太慢了；相反，如果增长极快，也许是因为你减少了很多支出。

尽早实行财务纪律。花公司的钱就像花自己的钱一样。（如果你不擅长管理财务，那就像家中节俭的老人那样花钱吧。）

在重大目标上，执行团队与董事会之间一定要保持一致。这些目标包括收益、毛利润、净利润、亏损、人数等方面。

预算额度的分配。我一直认为在首席执行官层面保留一定额度的预算是明智的。这样，你就可以给预料之外的问题留下一笔资源，而无须从别人那里搜刮资金。（最好不要给了别人再要走，那还不如不给。）在韦伯投资公司，我有10%的预算可以“自行处置”，所以如果我们做错了，没有足够的资金做我们想做的事情时，那么有了这笔预算，我就可以决定继续做下去，这可以缓解一定的压力。

创造挑战。如果支出接近你的预算（只超过5%~10%），那就把它作为整个团队面对的挑战。大多数公司的招聘速度比计划要慢，并且低估了自然减员的因素，这可能也属于你要面对的挑战。人们为了确定准确具体的人数会争论不休，耗费了大量时间，却几乎从未打算严格按照这个数字来执行。

没有特权。你去年得到大笔的预算并不意味着今年的起点就有那么高。在易贝，我们要求每个人每年从基数中扣除5%的效率费用，我们称之为“为投资而节省”。

也许最重要的预算准则是：始终寻求变得更好，花得更明智。节省下来的资金可用于更具战略意义的事情。

关于如何花钱的建议
——当你需要精打细算时

你花公司的钱时应该像花自己的钱一样。在这封信中，我会就如何花钱提供一些建议，以及列举一些创始人花钱不当的事例。之后，如果你遇到金钱上的挑战并亟须纠正，那么我会告诉你该怎么做。

企业家通常很在意留存足够的现金以生存下去，我很少看到他们乱花钱。极少有创始人拿着厚厚的报销单，或享受与市场价值相当的薪资（在初创公司看到这些，我通常会远远走开）。虽然创始人没有花钱太多的问题，但在错误的时间把钱花在错误的事情上往往就是大问题。以下是创始人花钱失当的一些例子。

钱花得太多太早。如果你还没有产品，除了开发产品之外，不要花太多的钱。

钱花得不够。产品开发成功后，可能需要把钱花在增加销量和营销方面，以便促进公司更快地增长；在其他情况下，在公司壮大之前，必须先将更多的钱投在构建体系结构上。（正是由于遵循了这一花钱原则，我在 1999 年进入易贝担任技术副总裁后，公司很快步入正轨，并快速壮大起来。）

过早地聘请销售人员。如果你正在打造企业产品，那么在你开发出产品之前先建立一个庞大的销售组织是错误的。赛富时公司就是一个很好的例子。这家公司只在需要时才在销售上投入资金；相反，它将资金用于开发有用的产品。创始人和早期员工在任何地方都会推销其服务，甚至是在超市排队等候的时候。

一开始就加强行政管理。过早地建立财务或人力资源团队并不是谨慎之举。最初，这些可以（而且可能应该）外包出去。

过度关注办公地点。虽然大多数企业家本身都非常节俭，但许多企业家对良好的办公地点的认识有误区。时尚、优越的地理位置可能很诱人——既吸引员工，又能给客户和媒体留下深刻的印象，但是得不偿失。更糟糕的是，在这种昭示成功的场所办公——而事实上你没有成功——会吸引不合适的人才，在企业文化中融入虚假的成就感。

支付全额工资。在早期阶段提供高薪就是烧钱。在创业公司，每个人都应该承担风险，报酬应该是工资和股权的结合。如果一家公司很成功，股权将比现金更有价值。

所有可用资源未得到充分利用。如果你需要帮助，请向顾问和董事会求助。不要觉得董事会成员就只是给你下命令的人，要让他们发挥自己的职能。最好的企业家知道如何利用他们的关系网，不要耻于寻求建议和引见。

浪费时间。资本不仅仅是金钱，时间也同样宝贵，所以时间管理得当非常重要。你必须尽可能在每天、每周、每月和每年都管理好你的时间。有效利用时间是企业家最重要的一项技能。

所有这些基本原则都是不该做的事项，从中你学会了如何明智地花钱，但是已经犯了错该怎么办呢？你必须时刻掌握每个月消耗的现金数量以及还能撑多长时间。作为首席执行官，你的工作就是推动公司快速向前发展，以便在需要时能筹到更多的资金（条款对己方很有利）。

如果你没有达到预期的目标（例如，产品可能还有待完善，市场还未形成，或者没有进行销售），你必须弄清楚如何减慢现金消耗的速度，从而延长公司的生命周期。

虽然这样做会让你感到极度不适，但这就是管理公司要面对的冷酷现实。这就如同剩下的钱不多啦，如果你没能力支付账单，就必须想办法少花钱、多赚钱。

让我们看看一些能使成本与企业预期相符的具体方法。

如果你的办公场所超出了实际需求：想法解除租赁或转租出去。

如果你没钱雇用员工：放慢脚步！暂停招聘。如果产品没有准备就绪，你也不需要销售人员——或者日后会需要许多其他类型的员工，但目前不需要。

如果你已经雇用了太多人：太快雇用一批人，你就必须让不重要的员工离职，让那些有能力帮助你达到目标的人留下。这个过程很痛苦。你必须非常谨慎地对待此事。解雇员工可以说是雇主必须要做的最令人不快的事情，这比因为某个原因而开除员工要糟糕得多。如果不是出于别的原因，这将向你证明从一开始就管理资金的重要性。

如果在工资上支出过多：显然你必须调整自己的薪酬。有时人们自愿减薪。但是，你必须意识到，一旦你开始减少薪资或推迟发放工资，这就成为公司业务陷入困境的信号，员工就会开始寻找其他工作。

有效地管理公司的资金是一个永无止境的过程。即使上市公司也很难做好这一点，公司裁员就是证明。有时你需要节俭，有时你需要推动增长以便抓住市场机会。要培养判断力，以掌握在什么时间采取什么行动，这可以创造奇迹！

设定合理的销售指标和薪酬结构

——当你需要支付销售团队的薪酬时

销售人员的薪酬是需要解决的最重要的事情之一。搞砸也很简单，但会导致可怕的后果。

有一次我准备出任一家发展良好的公司的首席执行官一职时，在马德拉知名的五星级酒店门洛帕克瑰丽酒店与一位销售副总裁见面，我们边喝酒边交谈。

“我们来谈谈销售指标和薪酬的问题吧。”我建议道。

我们都知道这是经营企业一个非常重要的部分，但我并不期待听到任何不同寻常的事情。然后，他告诉我销售指标是80万美元。我觉得指标很低很低。

“那薪酬是多少？”我问道。

“每个销售代表平均30万美元。”他回答道。

哇，根本就不平衡。根据我的经验，有20万美元就够了，在特殊情况下可以达到27.5万~28万美元。然而，在这家公司，每个人都享受到最高的待遇。在现金为王的初创公司，这种做法简直太疯狂了。他还告诉我他们未收到现金之前就把薪酬支付给了销售代表。

我想一跃而起！不仅销售指标太低、薪酬太高，而且现金还未到账就按照预约把薪酬支付给了销售代表，这种做法简直是大错特错。你只能在现金到位时支付，可以借此冲抵佣金。

那一年的第一季度末，该公司向销售人员支付了 56 万美元的现金，换来的却是 90 万美元的欠条（该季度无现金预定）。他们情绪很激动。“之前在别的地方发生过这种事吗？”我问道，“为什么会在你这里发生呢？”

销售代表一路欢喜地走向银行，而公司却岌岌可危。这是一个因严重疏忽而造成的问题，这绝对是一场混乱。加入该公司后的第一周我就像懵懂的孩童一样纳闷：怎么就进了这样一家公司？

然而令人惊讶的是，只是在进行了一些基本的“101”工作之后，我们在短时间内就将公司业务提升了 10 倍，甚至不需要做任何复杂的事情。

每个人都讨厌基础工作。他们认为基础工作不应该是他们干的，不应该是有才华的人干的，这种看法是错误的。看看由比尔 · 贝利提克和汤姆 · 布雷迪两人领导的新英格兰爱国者队，他们一直专注于基础练习并重视比赛策略，最后加入了国家橄榄球联盟（NFL）。

所有条件都已具备——创始人非常棒，产品和市场契合度很高，董事会也是顶级的——我们只需要完成基本工作，把简单的问题解决掉就可以了。以下是我们做的事情：

设定正确的销售指标和薪酬结构。基于经验，我们设定了三个层次：

- 销售指标为 120 万美元时，薪酬和奖金总额为 24 万美元。

- 销售指标为 140 万美元时，薪酬和奖金总额为 26 万美元。
- 销售指标为 160 万美元时，薪酬和奖金总额为 28 万美元。

增加奖励。我们制订了简明的计划，实行累计奖励制度。完成初始销售指标按照销售额的 6%奖励，完成第二档次指标佣金增加到 12%，然后是 18%。这是一个激动人心的计划。这样，超级销售巨星就能得到很好的报酬。1 月底，有一个销售员的佣金达到了销售额的 35%，我认为这是因为我们的计划大大鼓舞了人心。

确保所有交易都是在现金到位以后进行。在支付薪资之前现金必须到位。佣金必须以收入的现金为基础，而不应该仅仅是签订了合同。

销售代表的人数要合适。你需要销售代表，但不必过早雇用大量的销售代表。我加入该公司的时候有 30 个销售代表，但后来减少到 7 个人，因为他们中的许多人心态不对。很多人自行离开了。还有一个人在我来的第一天就离开了！其他离职的人是因为不得不解雇。其中有一名董事会成员也辞职了。如今我觉得自己不是公司里最遭人厌恶的，但是在最初的 6 个月内我肯定是。这没关系，我们需要合适的人才以及合适的管理团队。现在我们有 50 多个销售代表，在 10 个月内我们完成了所有这些工作。

支付给员工的现金不能太多。强大的奖励应该放在股权上，那才是丰厚的奖励。

投资产品。你肯定希望将通过风投融来的现金投到产品上，确切地说是投到产品的开发和完善上。这是创业初期最重要的事情。

我们正在经历重大的变革。很快，我们赚的现金超过了之前经营公司所消耗的现金。 经过早期对员工的精简，变化发生了，虽然伴有强烈的情绪波动，但是通过改变非常简单的业务基础，我们达到了预期的目标。

你必须明白，不惜一切代价花钱促进企业增长不再是新时尚了。企业就是为赚取利润而存在的。在你推动企业不断壮大时，一定要重视现金流。你打造的企业应该牢固、有偿付能力，并且可以持续发展下去。

如何保住股权的真正价值

——当你需要了解股权结构表时

在资本充足且后期估值似乎不断增加的时候，我们认为将一些直接影响你个人收入的重要经验分享给你（或提醒你）是明智之举。

每当我们看到巨大的并购交易或IPO时，我们本能地认为创始人多年来的紧张工作终于得到了应有的回报。然而，现实情况是，创始人的回报差异很大，有时候虽然股票脱手价值很高但创始人的收益却少得惊人。最直接的原因可能只是公司发展过程中股权过度稀释——不得不筹集相对于价格而言过多的资金，直到能够将股票脱手。 虽然这对于创始人来说很难，但这种情况很正常，也是你在公司发展过程中应该注意并管理的事情。过度激进的期望和过于复杂的股权结构会导致危险情况的出现，这是我们这封信关注的焦点。

创始人最重要的角色之一是设定和管理所有成员的期望，包括员工、投资者、合作伙伴、客户以及媒体。你不仅要描绘出未来的蓝图，也要记录沿途每一步应有的愿景。在任何时候，创业公司的价值都将取决于以下因素的独特组合：宏观市场条件、团队素质、产品质量、市场稀缺程度、商业的吸引力和可比性公司交易。了解并利用这些信息，为下一次融资和股票脱手做出你自己长远却合理的估值预期。同时，你必须达到设定的业绩期望值，以证明该估值的合理性。

在每个步骤中最大化估值似乎是完全合理的，这样可以接受那些你认为不可能触发的其他交易条款或最小的负面影响（如偏好、单向规则、认股权证、债务）。但是，很多时候，数字没有达到，期望没有满足。公司根据某一合理的标准来看仍表现良好，然而相对于在融资条款上的期望来说却表现不佳。如果发生这种情况，创始人常常会惊讶于他们个人可能损失的价值。这是因为创始人和员工倾向于按照完全稀释的所有权百分比来考虑其个人风险（例如，“我拥有公司股权的 ×%”）。所以，如果公司价值 1 亿美元时我拥有 10%的股份，但之后售价仅为 5 000 万美元时，我是不是至少还能获得 500 万美元！唉，这不太可能。

股东的实际现金回报是使用股权结构表进行自上而下结算分析后确定的。假设你的股权结构表是一个多层“蛋糕”。在蛋糕的最底层，是普通股（通常由创始人和员工所持），然后每次筹集资金时都会有一个新的层次在底层之上，例如A轮优先股，再往上是B轮等，最后不管是什么债务都在顶部。每一层也可以具有自己的一组条款（如大小、红利、偏好、单向规则等）。而出手时，收益将根据每层的特定条款自上而下依次分配。当你从底部（海绵蛋糕层）移动到顶部（巧克力蛋糕层）时，蛋糕一层比一层密集。只要公司满足或超过你在股权结构表中构建的期望，所有层的人都会像你预期的那样享受成果。但如果不是这样，你的估值收缩，那块蛋糕会从顶部向下开始挤压。期望和现实两者之间的差距越大，挤压将越有力。当受到压力时，最低且最软的那层蛋糕比顶部的蛋糕受到的压力更大。在最糟糕的情况下，巧克力蛋糕层可能会完好无损，但海绵蛋糕层（你）却已经被压扁了。这个比喻解释了为什么理论上完全稀释的股权百分比和你真正收到的报酬之间存在巨大的差异。

下面是一些建议：

不要因为考虑了自己的经济收益就致歉或感到内疚。创始人和投资者理所当然都专注于自己的梦想，致力于创建一家持久的成功公司，但你的投资者有投资组合而你自己却没有。如果他们可以预估其收益情况和内部收益率（IRR），那么你也可以。

如果你还没有这样做，请考虑使用在线工具管理你的股权结构表。像Carta、Solium、Capyx和其他工具都可以简化股权结构表的管理，而且大多数工具还通过自上而下的清算，提供股票脱手情景的模拟。你要熟悉这种分析方法。

在每次融资之前，要重新评估你的退出方案，并且在你考虑想要寻求的金额数量和条款时将此方案也列在内。如果激进的预期使你融资时提高估值，那么实际上你是将结果固定在最激进的条件下。任何未能达到该计划的行为都将让你付出代价。

与熵类似，股权结构表的复杂性也会增加。尽量避免（或至少延迟）复杂的财务条款进入你的股权结构表。要认识到好的交易应该考虑所有条款，而不仅仅是估值。

我们鼓励创始人充分了解自己在筹集资金时都干了些什么，以及股权结构表如何随着时间的推移而变化。在设定理性的期望时，你可以有远见，并专注于长期发展，同时，还可以在发展过程中设定合理的期望值。如果一切计划能顺利完成，这一切都不重要。然而，由于这种情况很少发生，因此请制订一系列方案并确保你始终保护自己正在构建的个人价值。

将回馈社会作为业务模式的一部分

——当你考虑初创公司是否需要做慈善时

如果你正在阅读这一节，你一定想知道慈善事业是否该在初创公司中占有一席之地。

我对此有坚定的看法：是的。

我们有才能、有机会，受到了生活的恩赐。即使公司刚开始建立（生机勃勃，规模尚小），关心那些没有你幸运的人，也可以很好地诠释你正在努力创建的公司。

我亲眼目睹了这种做法带来的奇迹。作为参与易贝上市的一员，杰夫·斯科尔和皮埃尔·奥米迪亚创建了一个基金会，帮助公司建立了强大的回馈文化。这激发了我的灵感，在我有幸能为家人提供帮助之后，它促使我创建了自己的家庭基金会。

赛富时也受到了易贝基金会的启发，在 1999 年创建之初仿照了易贝的模式。马克·贝尼奥夫基于这一创意进行了拓展。从第一天开始，他实施了 1-1-1 模型，将 1% 的股权、1% 的员工时间和 1% 的产品用于非营利组织和教育机构。 通过 www.salesforce.org 网站，赛富时的技术为超过 32 000 家非营利和教育机构提供支持；赛富时及其慈善机构已提供了超过 1.68 亿美元的资金；赛富时员工志愿贡献了 230 多万个小时，为世界各地社区的改善而服务。

当LiveOps公司招聘我担任首席执行官时，我坚定地认为实施1-1-1模式是我接受这项工作的标准之一。我们有一个内部志愿者团队负责创建项目和规划未来的努力方向。我们的员工为这项工作感到自豪，大多数来应聘的人认为这项工作使我们与众不同。

现在，我知道你在想什么：

- 我还没有足够的股权让我放弃1%，并且我不知道放弃是否值得。
- 我正在艰难应对现金消耗问题，没有足够的现金做慈善。
- 我期待团队能有所作为，他们发疯似的工作，我怎么能让他们再多花时间做慈善呢？

好消息是什么呢？这样做比听起来或看起来容易多了。有一个很好的例子：赛富时公司的投资部门鼓励其投资组合公司从一开始就将回馈社会作为其业务模式的一部分。通过"承诺1%"倡议，包括Appirio、Box、DocuSign、Demandbase和InsideSales在内的数十家投资组合公司已经采用了1-1-1模式。

那如何开始呢？

慢慢开始。在假期时参加慈善活动，收集食物、玩具等，为筹集或捐赠物品的数量而庆贺。

让员工自主活动，并将其发扬光大。让员工每年自己选择，在非营利组织做2~5天的慈善工作。能够自行决定在哪里投入时间，这对他们来说意义重大，所以他们会支持这项活动的。

通过做慈善来增强公司凝聚力。在帮助最喜爱的慈善机构时，考虑进行一些团队建设的活动。

上述任何一种做法都不会花费多少钱，但是你和你的团队会发现回馈他人非常有益，值得付出努力。

当然，如果你想再深入一些也可以。但我会慢慢地前行，因为人们会对此有强烈的感受，所以如果走得过快而不得不退回去重新选择会打击士气。如果你准备全身心投入，从一开始就制订全面的计划，“承诺1%”倡议将是一个很好的资源。

我坚信，公司从一开始就可以有灵魂。关心那些不如我们幸运的人就是对灵魂的补给。我期待了解贵公司如何将慈善事业融入贵公司的基因中。

第二部分

发展壮大

第三章　会管人善用人

管理的核心是人

向下有效授权的艺术
——当你需要授权时

很高兴能在这里探讨领导人成功最为重要的一个因素：授权的艺术。

当公司规模很小，只雇用了两三个员工的时候，每个人都得出力，大家分工合作。即便在这个阶段，每项新措施也总会有人带头实施，比如，有的人主管产品，有的人主管筹资，有的人主管销售。授权自然而然就出现了。

当公司规模越做越大，拥有 10~100 位员工时，你不得不下放更多的权力，而且必须系统和高效地进行。这时，效率才是最关键的。

很多时候，我都会听到有人这样说：“我把这项工作交给某某了。”然后他们就觉得自己的工作已经完成。情况绝非如此！

多年前，我有一位出色的经理，他总是能按时在预算内完成工作。但遗憾的是，他是一位“微观经理”，团队成员深受其苦。因此，我们不得不帮助他培养高效授权的能力，希望情况有所改变。

不久之后，我们要做一个关乎公司生死存亡的重要项目，这位经理（和他的团队）在其中起着重要的作用。我顺道向他询问项目的进展，他很自豪地说：“我不知道，我把它全权委托给了我的团队——这不正是你要求的吗？”并非如此。

多年的团队管理经验告诉我，有效的授权是指你知道自己分配下去的工作或项目会按自己的期望圆满完成。而要想达到这样的效果，你需要做好以下几点：

- 评估团队是否有能力和意愿去做这项工作。通常人们都愿意去参与好的项目，但问题是他们能做好吗？
- 与你委托的团队交流任务成功的标准，比如工作时间表、质量要求等。
- 向他们保证，不管遇到任何问题都能随时找你解决。总之，你要对工作结果负责。授权并不是撒手不管。
- 设置工作进度检查点，以免到最后出现你不想要的结果。
- 工作完成后，庆祝他们取得成功。

你对自己委派的人或团队越有信心，授权时定的条条框框就越少。然而，如果你至今仍未对自己的团队授之以渔，那往往会酿成灾难。

不需要你太多的投入和指导，团队就能取得比预期更好的成果，这是最值得高兴的事了。这样，你就有更多的精力投入其他领域进行创新和指导。毕竟，有效的授权是公司发展的关键一环。

合理分工的RACI模式

——当你需要明确每个人的职责时

我们每天都要做决定。成功的决定不仅关乎速度或结果，实际上还关乎授权他人为团队做出最好的决定。

为了达到这个目的，我使用了RACI模式。这个管理系统是我在海湾网络公司时学到的，它能清楚地表明每个人的工作。很多年来，我一直用这套模式来管理大型公司，它有助于明确跨职能团队和项目中的角色和责任。如今在韦伯投资公司，我们依然采用这种模式，从谁是投资的最终决定者到公关战略，它渗透在公司决策的方方面面，已经变成我们行为方式的代称。

这个模式的第一步就是明确什么时候做出什么决定，并记录下来。

然后，就要用到RACI模式。RACI是个缩略词，是指决策中必要的利益相关者，通过它可以进行有效的分工。

负责（responsible）。谁是公司所有人？谁制定策略？谁做决定？理想情况下，这应该由一个人做出，也可能是两个人。但谨记，任何决策都要推行到基层。如果没有做到这一点，那就意味着你的授权没有进行到底。更糟的是，这还意味着你的管理可能太独断了。

拍板（approves）。谁来负责对决策表态？同意还是反对？也就是将工作委托给负责任的那个人。

咨询（consulted）。谁是决策的接受者？这些人没有做决策的权力，但有权在决策做出之前发表自己的意见，而且你应当聆听他们的声音。

通知（informed）。决策需要告知哪些人？对此，宁可告知的人过多，也不可疏忽遗漏。

这个模式能够加快决策的制定进程，并促进决策的有效实施，因为它减少了内部争论（常常由分工不明而产生），使决策过程更加顺利。它还明确了每个人的角色，而分工不明往往是纠纷的根源。这个模式可以消除类似下面的争议：

“这是我的决定！”

“并不是。”

“是吗，那我是商议者还是知情人？我觉得我才是负责人。”

RACI模式是一种讨论和明确角色分工的方式，简单而又不带任何感情色彩。

最好的决策方式不是少数服从多数，也不是一人决断，而是要在这两者之间达到平衡。RACI模式就是在聆听不同的声音，收集所有必要的数据之后，由负责人做出最终的决定。这样的决定是所有人共同做出的。这种方式不仅减少了不必要的争议，而且还能将公司的利益放在首位，做出及时的决策。

成功到来时你总能感觉到
——当你担心自己可能处于中间地带时

当你读到这一节时，你可能正在为制定商业策略或实施商业策略而苦恼。

虽然有些陈词滥调，但我还是要列出以下两点：

- 如果事情进展顺利，而且你正在进行的投资马上就要取得成功，那追加投资即可。
- 如果你的生意不顺利，并且没有任何转好的迹象，那你的决定也很简单：关闭公司，善待员工，尽可能将现金返给股东。

但常见的情况与以上两种都不同，也就是处于中间地带。你的生意并不是完全失败，但也并不成功。判断是否成功很容易。成功并不是达到一个特定的量化值，而是发展势头不断增强，令人无法忽视。如果你的公司是以消费者为导向的，那很容易就能判断生意是否成功。

如果你的公司生机勃勃，有很多人想加入，员工欢欣鼓舞，合伙人都在谈论你的技术，消费者是你产品的忠实粉丝，产品销售速度超过了团队扩招的速度，投资者迫不及待地想要给你投资，基础设施快要烧坏。成功到来时你总会感觉得到，如果你并没有这种感觉（或者只是轻微地察觉），那就说明你并没有取得突破性成功。

那么会发生什么情况呢？最可能出现的情况是，你拥有一定的客户量，但销售渠道或产品不够强劲，不能维持快速增长。你也许能筹集到资金，但条件不够优惠，也得不到很好的投资。

问自己以下几个问题：

- 媒体、投资者和潜在人才主动向你示好了吗？
- 消费者是否给你反馈，告诉你产品对他们起到了很重要的作用？
- 人们是否在社交媒体上谈论你？
- 你的产品是否比其他同类产品更能满足消费者需求？
- 如果你的答案是否定的，那很抱歉，你的确处于不上不下的境地。
- 现在，请再考虑以下两个问题：
- 你是否还在不停地解释自己产品的效果？
- 你是不是觉得巨大的成功总是遥不可期？

如果你的答案是肯定的，那你的公司就处在一个很危险的境地了。

当今世界，产品与市场的契合越来越快。投资后，公司在一两年内就能做到产品与市场的契合，这是再正常不过的情况。但是，如果过了这个时间点，那可能就要问问你所信任的投资者，你的公司看起来是否取得了突破性成功。这个问题可能会令人感到不舒服，但他们管理着一系列组合公司，他们可能对这个问题早就有了自己的看法。如果这个季度的第一个月和最后一个月相比，公司没有任何进展，那取得突破性成功的可能性就要大大降低了。

或许你认为处于这样一个不上不下的位置并没有什么，或者你认为自己还可以再等等。这些都是不正确的。作为公司的首席执行官，处于这样一个位置，你更应该警觉，并开始行动。

- 你应该制订强有力的计划，回归正轨，争取取得突破性成功。
- 你应该与董事会和管理团队一起好好审视一下现在的情形和未来的规划，共同评估策略是否可行，未来蓝图是否宏伟。如果公司某一方面做得好，那就把赌注押在这一方面。通常情况下，初创公司总是想做出一个十全十美的方案，但这只会降低他们办事的效率，使技术实施起来更加烦琐，结果往往不尽如人意。
- 你需要采取重要的行动（例如，令人头痛的裁员、重做产品、工作重心的确立等），确保有足够的资金完成这次华丽的转身。

作为一名投资者，我希望自己所投资的公司都能取得突破性成功。但我也知道这不可能。没关系，有那么几个成功的公司就足够弥补那些不温不火或是投资失败的公司。但作为首席执行官，你把所有的时间和精力都花在了这一件事情上，你就必须保证员工、投资者和自己获得好的回报。

如果你没有足够的把握取得突破，你就应该考虑并购以及将现金还给投资者。我曾见过有的公司没有计划，没有希望，花光了所有的钱；而有的公司艰难地做出决定，将钱还给了投资者，然后转向了他们更有信心的事情。

希望这是能够预计到的最坏结果。到现在为止，你已经投入了多年的人力、物力、财力和名誉，如果最后不成功，那将会是对自尊的一次严重打击。我们资助的创始人都聪明睿智、勤奋努力，他们中的很多人似乎永远不会感受到失败。但并非如此。真正的失败是对行将就木的公司不死心，投入更多的时间和金钱，妄图使其起死回生，这只会毁了你东山再起的机会。所以吸取教训，承担损失，好好休息一下，然后重新开始吧。

这是一场旷日持久的角逐。我们都想要做重要的事情，我希望你们也能如此。

（另：如何判断自己是否处于不温不火的中间状态，详情请查看附录。）

附　录

还是不明白自己是否处于中间地带？下面这些话是我们经常在“夹心”者的日志更新中看到的：

- 我们正在解决客户流失的问题。
- 我们正在进行某个新项目。
- 这个季度我们发表了 20 篇思想文章。
- 我们的产品主管、销售主管、市场部主管要辞职了。
- 我们的模式显示（基于毫无根据的大胆假设）两年后收益将增加 100 倍。
- 我们不能履行（承诺），因为竞争对手行动了，团队行动缓慢，我们的大客户领导换届，我们的赞助人离开了，等等。
- 我们正在解决技术债务。
- 这个月我们失去了一位大客户，因为他们的需求发生了变化。
- 我们每个月的增长率是 5%。
- 我们的三个客户私底下是朋友。

先学会如何实现目标
——当你需要设定目标时

目标是人类自身的需求。从创立公司或启动计划开始，你就得设定目标。对以下基本问题的回答会帮助你为公司设定明确实用的目标：

- 我们要招聘多少人？
- 我们需要多少资金？
- 我们的现金可以维持多久？

设定目标是自然而又容易的事情。设定可实现、符合实际又鼓舞人心的目标，才能创造奇迹。我总是从“我的目标是什么”这个问题开始，然后问自己：“如果实现了，目标会发挥重要作用吗？”用史蒂夫·乔布斯的话说就是：“它会改变世界吗？”

很多时候，所谓可实现目标的标准是如此之低，以至公司根本没有达到它应有的成功（这种情况对于参与的人来说肯定是没有吸引力的）。相反，如果标准太高而团队认为目标无法实现，这对目标的实现也没有任何帮助（这种情况往往导致一事无成）。

我是一个完美主义者，既想实现设定的目标，也希望设定的目标适当（且具有挑战性）。据我所知，目标定得高但不苛求完美要比目标定得个个都能实现但成效一般要好。以下是我设定和实现目标的过程：

评估团队。这是一支高绩效的团队吗？绩效有多高？它是如何运作的？

列出我想要达到的目标。我认为什么才是适当的目标？

退后一步。要知道，非常大胆的目标可能会吓到团队。绩效不够高的团队会认为他们无法实现高远的目标。当目标超出能力范围时，你无法获得实现目标所需的任何支持或奉献。

重新评估目标。对我和我的团队而言，什么目标是可接受的？寻找那个神奇的点——一个让人觉得有点焦虑（因其大胆而振奋人心）但又很现实（因其可实现）的目标。不要将目标期限设定为一个季度，应该设定为 9 个月。90 天的期限会让人焦虑不安，但如果有 9 个月的时间，他们却愿意设定更大的目标。只要有足够的时间，人们就会认为什么都能干。

将这些重新评估的目标和计划告知团队。如果你采取了正确的方法，即便目标有些高，团队也会认为是可以实现的。2000—2001 年，我在易贝工作，那时我们的营业额大约是 5 亿美元，梅格·惠特曼说她希望到 2005 年，我们的营业额能达到 30 亿美元。那种感觉就像约翰·菲茨杰拉德·肯尼迪说他会把一个人放在月球上一样。最初我们根本看不到完成目标的希望，但是我们制订了一个计划，每个人都加入了。

当团队将目标一个一个达成之后，神奇的事情发生了。在这之后，团队开始学习如何坚持不懈地实现大目标。之后我看到了更令人难以置信的事情：他们设定并达成了超出我预期的目标。

团队越早学会如何做别人无法想象的事情，一切就会进行得越好。

体贴的反馈是一种馈赠
——当你需要提供或收集反馈时

作为领导者，你的责任和义务就是帮助员工提升和发挥潜力。

这意味着提供反馈是你工作中重要（通常很困难）的一环。体贴的反馈可以说是一种馈赠，但我发现人们往往不这样看。因此，领导者必须以对方愿意接受的方式提供反馈。以下是一些小贴士：

公开表扬，私下批评。要始终遵循这一原则。请记住，人们在关注你的一举一动，不仅关注你说什么，还关注你怎么说以及如何掌控自己。

建立信任。必须做的工作要提前做。人们信任提供反馈的人，就易于接受其反馈。理想的情况下，接受反馈者应该明白你是为了他们好才提供这些想法。彼此之间越是信任，就越能进行一些深入的讨论，因为你的出发点是合作而不是评判。此外，如果你知道员工的职业抱负，那么指出其不良行为可以帮助他们提高和实现其目标。彼此越是信任，就越能坦诚。

提供建设性的反馈。当我开始工作时，给我反馈的是个“疯子”——就是那种以反馈为武器惩罚员工的领导。然而，这种方法近乎欺凌，并不能产生很好的效果，员工不再认可反馈。反馈应该起到证实和鼓励的作用。我看到今天的工作环境比我那时好得多，这是一件好事。

要考虑周到。要把每个人的最大利益放在心上。以爱和良好的意愿为出发点来提供反馈。当你生气时不要进行这样的谈话，因为接受反馈者更有可能觉得受到伤害或指责，因而戒备心会更强。

要分清场合。最好在人们能接受的情况下给出反馈。如何判断场合是否合适呢？问问他们："你有时间私下里聊一聊吗？我有一些建议想与你分享。如果你现在不方便，我们可以在你方便时进行讨论。"这种方法可以让他们了解正在发生的事情，并让他们意识到你想帮助他们。最近，和我一起工作的人想要发泄，我明确表示我没有听的打算。但有时你必须让人们发泄情绪，然后再好好讨论到底发生了什么事，这样你才能帮助他们找到解决的方法。你可以用一个简单的方法来做到这一点："这就是我的看法，你怎么看？"

不要因为困难就不提供反馈。我们不能把良好的工作氛围极端化，使我们丧失了提供建设性反馈的能力。严厉的关爱有助于他们不断提高。

作为领导者，你还必须意识到，向一起工作的人征求反馈，并接受他们的反馈也很重要。我收到了梅格·惠特曼很多有价值的反馈，这不仅改变了我与她一起工作的方式，还教会了我如何做一个领导者。她担心的一个问题是她有时候只是对头脑风暴感兴趣，但我会把对话视为行动计划。"我只是想讨论一下，并不打算让你这样做。"她这样说。所以我不得不学习如何慢下来和她合作，而不是像个行动狂魔一样。

征求反馈是高管学习和成长的好方法。以下是接收和征求反馈的一些贴士：

- 乐于征求反馈。要经常问："征求反馈有用吗？我还应该做些什么？"
- 平易近人。别人对你提出批评很难，你要理解这对他们来说很具有挑战性，这一点非常重要。尝试"放诱饵"—故意暴露自己的一些弱点，如果同事或直接反馈人注意到你做了一些不应该做的事情，请他们指出来，并提出建议。通常，他们也会反过来征求你的意见。
- 保持开放的态度。即使你不认可所提建议，也要弄清楚提出的原因。分享反馈很难，你应该把他们的考虑视为一种馈赠。
- 倾听。征求反馈并不意味着你必须接受或者这样做，但你需要倾听。

不要害怕真相。致力于营造一种相互学习的工作氛围，获取团队的支持，助你成长——因为每一天你都能越来越好。我向你保证，明白"成长无止境"会使你的职业生涯无比精彩。

做开放和透明的忠实粉丝
——当你需要敞开门户时

我是开放和透明的忠实粉丝。我认为创始人和首席执行官应该平易近人，对内对外都是开放的，要多征求员工、投资者和客户的反馈意见。

当公司刚刚开办时，我建议你经常与全体员工沟通你的想法。理想情况下，这些应该当面告知，但也可以书面告知，总之是让团队了解你的观点和举措。这种做法也应该随着你的成长而继续下去。玛丽莎·梅耶尔在雅虎每周都要与员工沟通，并称之为“集思”。在赛富时，马克·贝尼奥夫与他的扩展领导团队定期在公司外聚会，他会向大家介绍公司的情况，一起进行讨论，确定公司发展方向。

你肯定希望自己平易近人，并确保公司文化不会掩盖大问题。当公司规模较小的时候，你可能没有人力资源部门来处理诸如性骚扰、歧视或欺凌等棘手的问题。这意味着作为首席执行官的你要解决这些问题。因此，这些问题应该由你或你认为合适的人予以适当的管理和妥善的处理。

你无须亲自参与和解决每个问题，但你需要确保每个问题都得到解决。通常，最好让有问题的人直接联系他们的直接管理部门来解决问题

（不要期待你亲自解决问题），然后将解决方法报告给你。

总之，你要敞开门户。如果你不确定该怎么做，请记住你聘请的律师可以为你服务。这就是他们的义务，你必须始终确保遵守所有的法律。（例如，举报人保护法不仅要求你调查情况，同时还要保护举报人，防止其遭人报复。）

当然，高层的态度越明确（请参阅“领导要有更高的标准——当你需要为得体的行为举止定下基调时”这一节），一切就变得越容易、越清晰。很多公司甚至开通了热线，专门用于匿名举报，而不必担心遭到报复。

你关心的不应只是员工的工作
——当你需要陪伴在某人身边时

有一句名言：成功的关键在于展现。显然，如果想成功，你就得展现。我发现成功真的就是因为你出现在了某处。这表明你的责任感、参与、关注（和取得卓越的成果）是极为重要的。

同样，陪伴也很重要。多年来我一直与很多公司合作，所以我和很多人打过交道，也看到了很多悲剧：死亡、离婚、成瘾、自杀，甚至谋杀。看到有人经历这样的苦难，是非常痛苦的。

作为雇主，你可能会持观望态度。然而，如果可能的话，你也可以为你的员工寻求帮助。你是领导者，但你也是有血有肉的人，因此，陪伴与支持也是你能够做的最重要的事情。最近，我一个好朋友失去了亲人，这种经历让我想到有必要支持正在经历痛苦的员工和朋友，也想到了这样做的一些好方法。

首先就是出现 ，即使这样做很困难，而且你也不知道该说些什么。下一步更重要，就是表明你真的想陪着他。这听起来很容易，但遗憾的是，这一行为往往不会发生。每个人都很忙，人们经常在困难时期也彼此远离。人们真正需要的是靠近和支持。

在我生命中的困难时期，曾经有很多人给予我可贵的支持。我在孩提时代失去了父亲，我仍记得人们是如何帮助我的。从那时起，我的体育教练以及邻居中的那些长辈花费了很多时间陪伴我，并给我提了不少建议。他们真诚地表达了他们的关心，这对我来说意义重大。后来，我的女儿生病住院，并且病情非常严重，许多同事过来帮忙。他们送了礼物和卡片，有几个人希望看望我的女儿（尽管他们不能进重症监护室）。这是我生命中最困难的一个时期，周围人真诚的支持帮助我的家人渡过了难关。

当某人失去了亲人，或者有一个生病的孩子时，重要的是要表现出真正的关怀。展示同情并分享你的亲身经历；如果不真诚，人们一眼就能看出来。

以下是你应该做的：

- 首先，在安静、没有压力的时候，询问当事人是否需要谈一谈。
- 告诉他们，你为他们的损失或者他们正在经历的事情感到很难过。
- 询问他们你可以做些什么。当事情很糟糕时，我建议你直接过去帮忙，比如照顾一下孩子；询问是否有基金会，以便你为其捐款；主动减免他们的工作。
- 去倾听。在与疾病做斗争或有人去世的情况下，尽量去了解这个对他们如此特殊的人。
- 帮助他们保养身体。给他们送去食物，这样他们就没那么忙碌了；送花可以表达你的关心。
- 问他们是否需要与你谈一谈。告诉他们，如果他们不想说话就不需要接电话。
- 向他们保证，你对此深表关切，并且工作中的一切都不用他们操心。你可能预计到他们的工作效率会下降，但我发现不幸的事件有时候也可以激发出团队其他成员最好的一面。

请记住，作为一名管理人员，你的行为也是同事效仿的楷模。在这种情况下，如果觉得对这个人所做的事情是正确的，那么对全公司来说也是正确的。

必须注意的是，有时你不知道团队中的某个人正在经历什么，但你知道一定是出了什么事，而且那个人需要你的帮助。这个时候要支持和帮助，但不要越界。

- 如果你意识到事情不对，主动过去看一看、问一问。要尽早去做，并且经常这么做。
- 你不能干涉，但你可以表现出同情和关怀。当你担心过度照顾或有些越界时，请记住人情和关怀总比做完全正确的事情更重要。
- 尽力去帮助他们，准许他们休假或者帮他们寻求专业的帮助，可以考虑将这些囊括到公司的福利政策中。
- 请注意，严重事件可能会使整个团队陷入低落的情绪中。想想还有什么资源可以用来帮助团队的其他成员。
- 做出承诺。让人们感觉与你交谈能够敞开心扉，并能获得专业的建议，这样你也可以确定自己的帮助是适当的。

为了提高工作效率，你的员工必须健康快乐。如果你发现某个员工有些不对劲，就去看一看你可以帮上什么忙。是的，这可能与工作无关，但它与生活有关，有益于每一个人，并且使一切工作顺利进行。

看到别人处于困境总是很难过，但帮助他们渡过难关是你的责任。有很多事情我们无法掌控，但帮助他人这一点却可以由我们决定。在这种敏感的时刻，我们的所作所为很重要。

请记住，团队成员所经历的灾难性事件会影响到整个团队，所以你也需要关注团队其他成员。要考虑为整个团队提供专业资源，指导他们渡过难关。

主动倾听比沟通更重要

——当你想要确定以何种方式领导他人时

沟通非常重要。沟通不仅指你说的话以及你说这些话的频率，还指你聆听的方式，聆听甚至更重要。当你担任首席执行官时，善于倾听显得尤为重要，它对你想要的公司文化有着巨大的影响。你是想用威胁和强权来管理公司，还是想用激励的方式领导公司呢？斯蒂芬·科维有个广为人知的建议，即："要先理解别人，然后再寻求别人的理解。"一个更熟悉的谚语是：上帝赐给我们两只耳朵和一张嘴巴是有原因的。

倾听非常重要，因为没有倾听，人们会心存戒备，更糟糕的是，它会成为通往成功的一道门槛。最近，我们的一家投资组合公司正在寻求突破性的成功，在与其首席执行官进行的艰难沟通中，我看到了没有听从科维建议造成的恶果。虽然我们已经投入了大量的人力和财力给这家公司，但公司内部还是出现了骚乱。虽然骚乱并不是灾难性的，但公司需要快速纠正，才能充分发挥其潜力。

在与首席执行官讨论情况时，我打算温和地提出建议，而不是告诉他到底该做什么。我试图说明我曾经花时间思考他的问题，以前也见过类似的情况，并愿意帮忙。但糟糕的是，这位首席执行官把我的建议当成了批评，产生了强烈的抵触情绪，和我争论起来，而不是开诚布公地听取意见。

也许是我做得不够明显，但我提建议时尽量态度温和，因为我知道这位首席执行官如果觉得自己的权威受到了挑战，有可能会发飙。这种态度与他通常的表现非常不同，通常情况下他的表现可以用“良好”来评价。这件事情引发了一个令我烦恼的问题：我发现自己不想再说出或指出问题，因为我担心这会导致辩论或争论。这种担忧有时会使我退缩，特别是在一些较小的问题上，但是当我对某些事情有强烈感受时，我还是会提出来。作为投资人，我有义务指出严重的问题，不过得以富有成效的方式来做。

如果首席执行官对其他人提供的信息或观点常常持戒备的态度，这就为股东和董事会成员敲响了警钟。如果首席执行官对他们的负责人都是这种态度，那他与员工的相处模式又会是怎样的呢？员工能毫无顾虑地说出他们担心的问题和想法吗？到现在为止，我经历了很多次的争论，也可以处理一些纷争。但是，坦率地说，我觉得这种事情很累人，既无趣，又没有意义。相比一个首席执行官是否听我的反馈，我更在意他是否能主动倾听来自公司员工、客户和股东的意见。

主动倾听具有很重要的作用。有时候，首席执行官没有领会顾问或员工的意思，因为他们没有仔细倾听，没有注意非言语暗示，或者因其他事情分心了。这可不行。为了与董事会、员工、客户以及所在社区建立良好的关系，主动倾听是所有首席执行官必须掌握的技能。下面有几种磨炼倾听技巧的方法：

对别人的想法持开放的态度。要明白每个人都有权说出自己的意见和看法，即使这些意见和想法你并不赞同。

听从科维的建议，首先要理解他人。不断提问，直到你充分了解了这个人想要表达的观点。如果面对持续不断的提问，有人表现出不舒服或试图转移话题，那他们可能有更多的想法。要让他们毫无顾虑地表达自己的想法。

问一些需要澄清的问题。不要下结论，比如“你错了”。相反，你要说：“这是一个有趣的观点，我需要考虑一下。”

不要对你听到的意见持戒备态度或置之不理。你可以分享你的观点，但最后你应该重复你所听到的内容，并围绕后续步骤进行调整以纠正这种情况。

用激励而非威慑的方式领导。如果每次讨论都是一场论战，人们不得不考虑他们想要花费多大的精力，这些精力用在什么地方，而且除非真的出了问题，你也不会参与。将命令和控制型的文化替换为激励的文化，让每个人都有机会提出意见，做出有意义的贡献。最好的公司是以激励的方式来领导，而不是以威慑或强权的方式来领导。所有公司都会遇到问题，但是当公司的文化基于充分挖掘每个人的价值，保持开放的态度，共同商讨、快速解决问题，并让员工毫无顾虑地帮助公司实现目标，那么每个人都会发挥出他们最大的能量。

退一步讲，作为一名企业家，你是一个喜欢逆向思维的冒险者，因此不断遭到质疑。为了实现愿景，你必须有威慑力，这是一种力量。然而，当你变得只相信自己，认为别人的意见都是无用的，不去倾听，不愿意对自己的愿景做任何修正和改变，这就变成了弱点。

弥合期望与行为的断层

——当你需要明确传达时

当你的团队有时行事方式与你认为或希望的截然相反时，你会感到惊讶吗？当发生这种情况时，你是否认为他们本该做得更好，因为你已经清楚（也许不止一次）地表明了自己的观点？

有一段时间，我雇用了一位顶级高管。她总是能把要交付的任务完成，但她周围总有很多“碎玻璃”。她做了一些较出格的事情，比如午夜时分与员工一对一谈话，这很没有时间观念，与我们待人接物的习惯不同。关于这件事我和她谈了很多次，但情况从未改变。我以为是自己说得不够明确，但实际上我已经说得够清楚了。她说：“我听到你说什么了，我只不过是以不同的方式做事而已。”最终我们只能分道扬镳。

然而其他时候，人们并没有自己做出选择——他们根本没有意识到自己的行为不符合你的期望。最近，我参加了一个董事会的公司外会议，其间讨论的焦点是高管的绩效为何在“最佳工作场所”一项的得分上逐年下降。在研究原因时，公司发现，虽然每个人都认为高管都在做基本的工作，例如，一对一谈话、召开员工会议和提供反馈，但许多高管实际上并没有这样做。为什么呢？人们认为高管会去做这些工作，但从未明确规定过。没有人告诉高管他们必须做这些工作，而且还要有效完成。高管之所以没有做，仅仅是因为没有人向他们传达这样做很重要。在意识到缺乏沟通之后，公司迅速补救，在给每位高管的个人计划中说明了这些工作的重要性后，他们认识到这些工作必须优先考虑。

我同样犯了自以为是的错误，为此感到很内疚。不久前，我在韦伯投资公司收到了一份投诉，称我们没有对一家公司的反馈做出回应。我很惊讶，因为不给别人回复与我们倡导的价值观以及我们对待别人的信条完全不符。在深思熟虑后，我不得不退后一步，这才意识到很长一段时间我没有重申这种行为的重要性了，我以为这一信条应该已经形成了一种本能。虽然如此，但我不能依赖它。它让我想起了不断重申的重要性。这个错误提供了一个很好的机会，让团队以一种明确的方式重新了解这一点的重要性，我确信这种情况再也不会发生。

最近在韦伯投资公司与梅格·惠特曼共进晚餐，当谈到价值观时，她提到了她的感受：不要觉得你已经强调了很多次，但其实还是不够。在复杂的团体中，信息会流失，作为创始人，你的一个角色就是确保正在做的事情和重要事情的核心信息得到公司每个人的理解和响应。

当行为与预期不一致时，请这样做：

确定预期的行为是否最近已经明确传达过。公司的事情很多，所以最重要的事情需要定期反复强调。

如果没有进行沟通，现在就是最好的时机。平静而专业地处理这个问题。

如果已完成沟通，请找出导致你的愿望与实际行为不一致的原因。期望有时可能是不现实的，但行为也可能背离期望，因为期望没有深入人心或者被故意忽略。

当出现期望与行为的断层时（无论根本原因是什么），都要由你来纠正。尽你所能确保进行有效和反复的沟通。采取措施，明确期望值，让每个人都负起责任。

另外，要实事求是。你要明白，事情有轻重缓急。如果试图明确昭示每一件事，会让团队陷入瘫痪中。所以，要确定什么事情最重要，不要管不重要的事情，只需明确昭示最重要的事情即可。

同步性就是见微知著

——当你需要寻求同步时

最近日子过得很不顺心。一名行政助理出乎意料地辞职了，突然间我的手头上出现了一个大问题。我和一位首席执行官会面，会议快结束时我们谈了几分钟业务和生活。我和他谈起了目前面临的危机（我正在寻找一位新的行政助理），他说他妻子过去曾和EAs公司的一位招聘人员一起工作，他们会为我寻找潜在的候选人。然后他告诉我，他的妻子正在努力招聘一位薪酬管理人员，并问我是否认识什么人。幸运的是，我认识两家薪酬咨询公司的首席执行官，他们和许多薪酬管理人员共过事，我说我很乐意为他们牵线。

我怀着对刚刚出现的同步性深深的感触离开了会面地点。他之前并不知道我的问题，但他对这一问题有解决的良策，而我可以帮助他妻子解决问题。如果我们没有超出预定的讨论范围，问起其他问题，这些都不会得到解决。

同步性就是见微知著——这对像企业管理这样棘手的事情是必要的。我们常常希望从我们已知的信息来源中找到需要的答案，但其实到处都有解决的答案。因此我们有必要保持学习的心态，并乐于接受来自各方面的见解。以下是几种见微知著的方法：

- 找出困扰你的事物。你必须非常了解你要解决的问题。
- 乐于从各处获得真知灼见。
- 有时这意味着做一些令你不快的事情。要愿意走出自己的舒适区。
- 问周围的人一些探究性的问题。
- 深入研究如何解决他人的问题。
- 当事情同步出现时，抓住这一机会。

同步性可能听起来是一件很简单的事情，但我保证它有难以置信的力量，并能解决你面临的复杂问题。这一点我早已深有体会。当我被任命为易贝的首席运营官时，我的任务是定义公司文化。我做了很大的努力，但整个计划却彻底失败了。为此我感到心烦意乱，我知道我必须做一些特别的事情才能让事情回到正轨。

那时，我发现了一本名为《惊人的改变，惊人的成果》（*Radical Change*，*Radical Results*）的书。我读这本书时，我的妻子和孩子们都出城了，所以我整个周末都在看书。好像作者凯特·鲁德曼和埃迪·厄兰森深入研究过易贝出现的文化问题一样，在他们的书中，我找到了解决难题的方法，我不禁大为惊叹。当我想当面感谢他们时，却发生了一个插曲。我说服梅格·惠特曼同意让凯特和埃迪为我们两个人做 360 度测评。虽然她最初很不乐意，连杀了我的心都有，但后来却非常喜欢。我也从中学到了很多。它在易贝引发了更广泛、更有效的文化运动，形成了一整套新的价值观，并最终重塑了公司文化。这之后我经常与他们联系，他们像我的教练一样，极大地影响了我的人生。凯特告诉我，弱者角色只会阻碍我的发展。在她的激励下，我开始进行炉边谈话，这最终让我写出了自己的书，并联合创立了Everwise公司。

我喜欢听别人有关同步的故事，比如马克 · 贝尼奥夫的故事。当他创办赛富时时，没有与太多人分享他的想法，但在午餐时间，他的朋友博比 · 亚兹达尼——萨巴软件公司（Saba Software）的创始人——鼓励他说，企业家犯下的头号错误就是把他们的想法深埋于心。马克考虑了他的建议，并与博比分享了他的想法。“你能告诉我，这很好。”博比说。然后博比把马克引见给了为他工作的三个承包商，其中一个很快成为马克的联合创始人并帮助他建立了一个成功的服务公司。事实上，后来马克在回忆时说，他与帕克 · 哈里斯（其中一位开发人员）的会面是“我生命中最幸运的事情”。这就是同步性，因为马克明确地表达了他的愿景，并与有经验、理解他，也愿意帮助他的人分享了，同步性就这样出现了。

同步性在生活中发生的频率远比我们知道的多。去寻找吧，你会见证它的奇迹。

确保得到预期的回报

——当你疑惑人际交往或营销活动是否值得花时间参加时

作为创始人，与团队一起经营公司非常重要，但有时候从中走出来，可能正是公司（和你）所需要的。

如果你性格外向，参加活动的想法可能会使你蠢蠢欲动。如果你像我一样性格内向，这个想法可能会让你感到有压力，想逃避。

我相信，参与适当的活动能够促进企业的发展，并能给自己提供新的视角。如果方法正确，借助活动，本来需要三周的项目，我可以在短短几个小时内完成。活动也为同步性提供了很好的机会。

即便如此，我对参加活动也一向反感，因而过去常常陷入困境。在韦伯投资公司，我强烈地感到我们不应该举办自己的会议。最后，我的团队以其他方式说服了我，并且我们为所有创始人和加盟会员举办了为期一天半的峰会，我的看法也因此彻底改变。因为效果真的令人难以置信。

我们建立了数十种崭新的交流方式，创办了会议，这样创始人和加盟会员就可以直接展示他们的学习情况，每个人对我们公司的特殊之处都有了更深入的了解。通过一次性会议达到同样的目标可能需要一年的时间。

如果你正在参加一项活动

不要全程参与。我们只有这么多时间。决定哪些事情有意义，并有效利用你的时间。同样，不要每一项活动都参加。对于赛富时的年度用户大会——梦想的力量（Dream Force），我总是只参加主题演讲，剩余的时间等待好运出现。

提前计划好会面。会议的日程往往安排得很满，特别是活动时间压缩得比较紧。在出发前获取与会者列表，并在日历上写上会面时间，这样你就不会错过见面的机会。

尽情享受，但要衡量结果。活动不只是派对，尽管有些活动的确是这样的。确保将重要的事情——新的见解和新的联系——放在首位。每次参加活动，我都要保证成效要比我在办公室至少高两倍，而且我了解活动的特点，知道如何将时间集中在活动上。

首先，你要事先弄清楚成功活动的特点是什么，这样才能在那里追逐你的目标。其次，要记得留出一些空闲时间，不要安排得太满（请参阅“同步性就是见微知著——当你需要寻求同步时”这一节）。通常的情况下，我在认真倾听他人讲话的同时，会提出一些新的见解或想法。

要有节制。特别是在科技行业，你很有可能想成为明星创始人，每周在不同的会议上发言。这种时间分配乍一看是合理的，因为每次都可以带回不同的名片，似乎颇有成效，但我常常发现这种方法维持不下去。新的销售线索应该主要来自健康的销售组织，而不是首席执行官参加的活动。

此外，首席执行官总是在路上对公司来说可能是有害无益的。因为你可能错过公司的重大问题，如果你的公司遇到挫折，这样会遭受毁灭性的打击。如果这些活动真的很重要，那么考虑提升你的部分团队成员，让他们代替你去，这对他们来说是一次不错的历练，也能让你有更多的时间处理其他事情。

如果你正在主持活动

仔细想想邀请谁出席。你要确保邀请的各方人士的人数要合适。邀请的客人不宜太多——不应该是熙熙攘攘的一大群，而是人数刚刚好的聚会。马克·贝尼奥夫巧妙地规划了合适的参与者名单，其中包括客户、潜在客户、团队成员、董事会成员、记者、慈善家和其他一些有趣的人。有时，还包括音乐家或魔术师，他们能让事情变得有趣！

在非工作的时间举行。准备些惊喜。在办公室或会议中心以外的地方举办活动，能够增加人们的参与度。

最有意义的邂逅往往出现在围绕一个特定的话题小聚时，而不仅仅出现在他们感兴趣的话题讨论上。因为良好的关系不是在正式场合形成的，而是在舒适的氛围里随意交谈时产生的。（在洛杉矶举行的大型技术活动前沿峰会上，对我来说最好的“会议”发生在提供午餐的送餐车周围。）要确保聚会有交流的地方，以防与会者全都跑回酒店房间不想出来（或发电子邮件）。

要确保人们想回来。这意味着要确保每位与会者离开时的收获要高于预期。列出一个有影响力的活动内容列表，让他们有机会享受乐趣（我发现竞赛有助于此），觉得这个活动值得花时间（还包括旅行费用和远离家人的时间）参与。

所以，不管你的性格是内向还是外向，参加会议应该列入你优先考虑的计划。但是，就像其他事情一样，你需要妥善管理，并确保自己得到预期的回报，值得为此花费时间。顺便说一句，享受参与的过程，将收获带回去与团队分享吧！

候选人和接班人的绝佳来源

——当你需要建校友网时[1]

失去一位才华横溢的员工会很心痛。我记得在易贝（以及其他几家公司）的早期，当有人离开时，我们的反应都很冷淡，因为我们觉得自己被拒绝了。

但这是错误的，这种态度是完全错误的。我要感谢约翰·多纳霍帮助我改变了这种态度。约翰曾担任贝恩公司的首席执行官，后来成为易贝的首席执行官，现在是ServiceNow（一家信息技术运营服务商）公司的首席执行官。贝恩拥有一个令人惊叹的校友网络，非常有效，于是我们也想在其他地方建校友网。

事实上，员工不是我们的私有物品；他们愿意为我们工作，我们愿意雇用他们。我们有义务尽一切所能使他们在为我们工作时变得更好。员工有义务尽其所能使公司取得成功。

当有人决定离开时（无论雇主决定不再聘用雇员，还是雇员决定离开公司），双方都应该心怀感激，并且保持联系。

我创建韦伯投资公司的部分原因，是在我从运营角色转变为投资者

---

① 麦肯锡公司将离职员工称为“校友”，并始终与他们保持联系，为麦肯锡带来了大量的客户。在美国商界，校友特指公司离职员工。——编者注

角色时，还能够与同事保持联系。看到网络壮大，享受乐趣，为我们的投资组合公司提供资源和指导，这是我力量和快乐永不枯竭的源泉。

在我们的网络中甚至有一个分公司的人声称我解雇了他（我没有。我认为他是自愿离开的），但我们保持了良好的联系。我投资了他的新公司，这个公司最终卖给了雅虎！他一直是我们网络中不可多得的一员，2008 年他离开时，我都没有想到。

你可以采取以下步骤，与校友保持联系，建立网络：

- 欢送每一位离开的成员。感谢他们的服务，并征求他们保持联系的意愿。
- 在脸书或领英创建校友页面，拟定一个内部联系清单。
- 定期更新内容，以便让校友了解公司最新动态。包括他们可以帮助你做的事情，例如推荐空缺职位的候选人。
- 愿意参加校友活动，甚至考虑主动举办校友会。
- 让每个人都觉得即使他们离开了公司，他们仍然是这个大家庭的一员！

校友网络可以成为职位候选人和新业务推荐的绝佳来源。但更重要的是，那是他们陪伴公司不断成长的证明。

建立董事会的七大原则

——当你需要创建一个卓越的董事会时

恭喜你！你已经正式成立了一个真正的公司。对，一个真正的公司。既然你已经筹集了外部资金，你可能不得不组建一个正式的董事会。

注意！

如果可能的话，尽量组建非正式的董事会，尽可能拖延组建正式董事会的时间。我们投资最成功的一个公司拥有“一个人的董事会”，创始人开玩笑地说在开曼群岛举行年度董事会，他要在那里与自己交谈。在韦伯投资公司，我决定自行筹集资金也是出于这个原因——我对自己负责，而不对其他任何人负责（除了我的妻子）。

我们应该更实际地看待这个问题：大多数创始人不是很幸运，没有很快获得成功或得到资金，从而能够放弃外部融资。如果你筹集了外部资金，是否有可能在没有正式成立董事会的情况下进行第一轮融资？如果可以，我强烈建议你这样做。我建议你定期与主要投资人会面并举行会议，就好像开董事会一样，但与会者不具有投票权和控制权（请参阅信件“短时间建立一个引人注目的企业——当你刚刚筹到第一轮资金时”）。采用这样的策略可以让你把握控制权，这也是一个很好的试金石：它让你有机会了解投资人的贡献度，以及与你互动的程度。

如果你建立了一个成功的企业，就难免会建立一个正式的董事会。在创建董事会时，你会发现这是你整个职业生涯中最关键的决定之一。

为什么？向大多数董事会成员询问他们的首要工作是什么，他们极有可能说是招聘或解雇首席执行官。董事会成员应该负责各种事项，如提供战略意见、对外交流、提供建议和咨询，以及作为上市公司所带来的所有监管义务，但他们总是说他们的头号工作是确保找到足以胜任的首席执行官。

因此，对于创始人首席执行官（或任何首席执行官）来说，建立一个好的董事会对你公司的成功至关重要（更不用提自己的成功了）。虽然根据条款选择投资人为董事是可以理解的，但从长远来看，应该更多地考虑投资人（或公司）的影响力，而不是他们出钱多少。

当我被聘为LiveOps的首席执行官时，我非常清楚我想要建立一个不同的董事会。我以此为条件接受了这一职务。我们从一个非常值得信赖的人和信息来源中选择了一位投资人，进行C轮融资（虽然从金融上来说不是最好的选择）。彼此是否信任至关重要。为顺应公司发展的新方向，选择合适的董事会对于实现目标发挥着巨大作用。

在建立董事会以及和董事会成员一起工作时，要注意以下事项：

董事会宜小不宜大，尤其是在创业初期。少即是多！董事会规模要尽可能小。与愿意提供帮助和建议的成员——而不是与那些试图扮演“房间里最聪明的人”的董事会成员——一起组成实践性董事会。重要的是确保董事会成员得到应有的尊严和尊重。

就像你总是评估团队中的人才一样，你应该评估一下董事会中的人才。你现在需要什么帮助？当公司规模更大时又需要怎样的帮助？有一些席位（如投资者席位）是固定不变的，但大多数时候董事会席位可以调换，并且应该变动，以便每个席位都有最合适的人选。

选择能够与你互补的董事会成员。我总是基于自己的弱点来选择董事会成员。我没有广博的销售和营销经验，因此我雇用了一位曾在一家大型公共软件公司担任首席营销官并在惠普公司担任过销售经理的人。有些席位直接与专业职能挂钩，例如审计委员会主席。我总想挑选在某方面擅长的人，同时他也有兴趣在战略上提供帮助。如果可能的话，首先让这个人担任顾问的角色，这样你就能从与他的互动中看出此人是否合适。

弄清楚人们想进董事会的原因。他们加入董事会的动机是什么？有时，成为首席执行官的最佳方式是在董事会占有一席之地。有时董事会成员希望经营公司，还有人想要获得自我满足感。这些都不是很好的理由。大多数有资格获得董事会席位的人都成就斐然，但你需要知道他们是否想提供建议和咨询，或者他们是否想要开展业务。他们愿意成为五人之一还是只想一人独大？董事会成员拥有很多权力，而且很难让他们离开，所以要选择愿意为公司服务的人。

追寻无意于董事会席位的人。这个建议听起来很奇怪，但也许是我提出的最好建议。身居要职的人是很好的选择，因为他们不会把所有的时间都花在你的公司上（但要确保他们愿意在你需要的时候提供帮助）。那些有许多空余时间的人想要和你一起共事，但你不想要。我发现通常说话最多、要求最多的人对公司的价值最小。

不要害怕开董事会会议，也不要把董事会成员看作负担，而要让这一巨大的资源为你所用。与董事会密切合作的重要性是我作为首席执行官学到的最有价值的一点。我总是把最大的问题交给董事会，寻求他们的意见，然后做出决定。董事会是决断和洞察力的来源，激励董事会在潜在客户开发、问题解决和模式识别工作等方面做出贡献。经验丰富的人给出的建议还可以帮助你成长为管理人员和领导者。

要成为盟友，而不是敌人。在公司发展良好时，对董事会心存感激，在公司遇到困难时，他们才会帮助你。董事会会议和董事会任务可能非常单调乏味（当事情进展顺利时），或者非常繁重和令人抓狂（当事情停滞不前或不稳定时）。如果一切顺利，首席执行官和公司在达到目标或超过目标时通常对董事会有点傲慢，并将其视为负担。不要那样做。与董事会保持良好的关系和信任是非常重要的，因为当事情发生变化（成功通常不是线性的）时，你会有求于董事会的。

我真诚地希望你最终能建立一个卓越的董事会，一个助你和公司变强的董事会，一个你喜欢花时间经营的董事会。和所有事情一样，这一切都在你的掌控之中！

第四章　应对挑战

控制局面，解决问题

高管离职的应对之策

——当公司高管离职时

我敢肯定，你现在的状态是介于愤怒和焦虑之间，愤怒的是自己被离弃，焦虑的是做些什么才能补偿这个人的贡献。或许你更加担心这是离职潮的开始：还有多少人想要离职？

深呼吸。如果你的成功达到了我的期望值，也就是你的公司如果活得够久的话，你会发现，随着时间的流逝，这次离职不过是开员工离职的先河而已。重要的贡献者离去，总是有些让人伤心。

在给大家建议之前，我想先讲一个有趣而真实的故事。

在我们一飞冲天的组合公司里，其中一家公司的两个合伙人想跟我探讨一下公司面临的重要人力资源问题。他们说，公司早期的一个明星员工最近表现极为不佳，他们想解雇他，但是面临一个问题：公司每一个人都很喜欢他的狗。两个创始人觉得狗离开公司后，大家一定会很郁闷。我的建议是：解雇他，留下狗！当然，这只是开玩笑，但他们必须解决这个问题，对此我是认真的！（他们解雇了他，狗也离开了。但是有人又带来一条狗，许多年以后，公司有了数百名员工，但我们仍觉得这个故事很可笑。）

当你即将失去对公司有重大影响的人时，我给你提几点建议：

弄清楚他们为什么要离开公司。他们是在逃避什么事情还是另有打算？他们对当前的境况有清醒的认识吗？

还能挽回他们吗？如果出了问题，你能解决吗？

- 我总是用额外补偿作为最后的补救方法，因为人们通常不会因薪酬而离去。
- 如果你能解决他的问题，他会不计前嫌，全身心投入工作中吗？

如果你觉得能挽回他们，也要多思量，以免自己被玩弄。有时，人们打着离职的幌子想多捞钱。不幸的是，人们有时还真会做出这种不讲诚信的事情，我就遇到过这种情况，他们谎称已经得到了不错的工作机会。你姑且信之，但是必须谨慎，因为你也不想建立特权文化，让人觉得只要以离职相威胁，就能得到晋升。这不仅会造成巨大损失，也会让你感到无能为力。你要重点考虑的是1%的员工——公司真正的人才，为他们保留升职加薪的机会，而不是那些总想得到更好待遇的30%~50%的员工。每个人都知道是怎么回事，你必须留意他们如何看待你的反应。如果你不谨慎，很快每个人都会去办公室找你，和你讨价还价，要求升职加薪。你怎么才能弄清楚具体情况？先弄清楚他们的去向，然后对他们说，听起来像是个好机会，如果工作得不顺利，欢迎再回来。

如果他们的确要离开公司，你能想出一个对双方都有益的过渡计划吗？即使他有了新工作，你能征得他们的同意在必要时帮助公司吗？

在他们离职时，尊重他们，给予他们尊严。表扬他们对公司做出的贡献，告诉他们如果在新公司工作不顺利，欢迎他们回来。

但要记得表扬那些继续留在公司、和离职员工同样出色（甚至更出色）的人。我曾经听到有人说，只有在他离开公司时才能得到认可（爱哭的孩子有奶吃）。这会对公司文化造成不良影响。

- 务必让团队知道大家会想念离职的员工，但是你要和大家谈谈，为了实现公司目标你能采取什么行动，他们又能采取什么行动。
- 要意识到，对于其他人来说，这也是一次进步与晋升的好机会。

最后，回头想一想，失去这个人是否是个意外。你预料到了吗？你要以此为契机，主动了解公司所有高管的立场，努力使他们保持积极的竞争状态。

我知道高管的离开对公司而言损失巨大，应对这种局面也比较麻烦，但是这很正常，而且完全可控。你要尽快走出痛苦，解决问题。

快速决定，妥善处理

——当你第一次解雇员工时

你遇到这种情形，我也觉得很难过。大多数人不喜欢让别人遭受痛苦和不安，但是你解雇员工时就得面临这种情况。

我在快 30 岁的时候去IBM参加面试，那是我的第一份管理工作。我老板的老板问我是否会解雇员工，我回答道："是的，但是我可能永远不会这么做。"他笑着问我原因，我解释道，我觉得大多数人都想做好工作，有了正确的指导和管理，他们一定会成功的。（不管怎么样，我还是得到了那份工作。）

但是几十年后，我还是解雇了一批人——如果算上我管理过的公司，大概有几千人。解雇人没有丝毫乐趣，但十分必要。

凡是公司都会有表现优秀的人才和表现不佳的员工，即使是小型初创公司也是如此。众所周知，大型公司总有一些表现平庸的人，但是创业公司承担不起这种后果。作为创始人，你必须认识到你将赠予每位员工最宝贵的东西——就像一张超级碗 50 码线附近（可以看到整个球场）的门票一样宝贵。你有可能改变其人生轨迹，这样的话，你得让他们尽其所能挖掘公司潜能。

我们经常会接受平庸之才。我定期会让公司领导审核他们的团队，并让他们确定如果有了空缺职位，有多少人会被再次雇用。很可惜，这个数字很少超过80%。记住，员工表现并不是静态的。有些人可能一开始表现出色，到了后期则敷衍塞责；或是他们的角色或职位经过一段时间可能发生了变化。最好的公司文化会要求员工一直表现出色，如果一开始就出了问题，要立即采取措施，予以纠正。

事实上，大多数人等了很久才解雇员工。这是个问题，因为大部分业绩出色的员工不得不去收拾平庸员工留下的烂摊子，他们很有挫败感。他们希望英明的管理人员和领导者能够遏止这种情况的出现，只要能人性化地解决这个问题，他们一定会拍手叫好。

什么时候解雇员工合适呢？你开始担心这一点时，也许就已经太晚了。我估计一旦开始寻思某人表现是否合格时，有80%的可能他们再也不能待在这个公司了。当然这也意味着事情有时并不完全是这样的。因此，你要弄清楚是什么原因让你怀疑员工在这个岗位上不能获得成功。弄清楚你担心的原因：他们没有全身心投入，还是工作不够努力？

一旦弄清楚原因后，就要权衡以下几点：

如果他们能够达标。全力以赴帮助他们。你希望他们获得成功，但同时你还要有备用计划，以免你的方法不起作用。（若你读过“是什么成就了卓越公司的卓越——当你需要招聘人才的时候”这一节，你就知道在没有空缺职位的情况下寻觅人才的重要性了。）

如果他们没有达标的可能性。直接进入“死囚漫步”模式。友好对待每一个人，继续给他们分配任务，多检查他们的工作，但是不要为他们继续留在这个职位做任何投资了。这样，他们离开只是时间问题。要尽量将损失降至最小。

下面是我的一些建议：

不要拖延。这个问题必须立即处理。

想一想不这样处理事情会怎么样。我常常发现考虑解雇某人比实际做起来要难得多。

回过头想一想。你有没有为这个人创造过成功的机会？如果有，坚持你解雇的做法；如果没有，你能有效地为他创造成功的机会吗？你和你的团队想试一试吗？如果打算尝试，帮他制订提升计划，要有清晰的目标和检查点；如果不准备尝试，继续努力，下次更好地为员工创造成功的机会。

在员工离职时，要善待他们。明确说出解雇他们的原因，但是你要解释这样做是在帮助他们。如果他们想辞职，就成全他们，但仍把那笔准备好的补偿金给他们。让他们自己向其他人解释离职原因（经过你的审查和同意）。有些人更愿意看起来像是自己主动辞职一样。让他们自己选择。

要明白你如何对待即将解聘或是业绩较差的员工是很重要的，公司所有员工都会记住这一点。你的员工不仅知道是怎么回事，还会设想在类似的情况下他们该怎么做。很久以前，我遇到一个领导者，一到解雇员工时就行动迅速，脾气暴躁。有一次，他没有告诉我，就快速开除了一个雇员。那位被解雇的员工吓得赶紧跑了出去，鞋子还留在书桌抽屉里。不要陷入“愤怒的靴子”模式，这会引起人们的反感，产生的隔阂需要你去弥补，还会引发恐慌。记住，你解雇员工的方式影响着其他人，要运用这条黄金法则：你希望别人怎样对待你，你就怎样对待别人——尤其是对离职的员工。

想好你要说的话，再去和别人说这件事。这种谈话方式是保证平稳过渡的有效方式。

做完这些事后要与员工坦诚交流。愿意为员工解惑，不轻视任何人。

挖掘能填补空缺的优秀人才。虽然辞退某人很难过，但你要明白对其他人来说这是个好机会。给你的优秀员工一个机会。在我的职业生涯中，“战场晋升”比从外部聘请明星员工更让我惊喜。内部提拔一向都比外部聘请的成功概率高。要给团队其他人一个机会去学习、提升和成长。

保证下一次招聘到优秀的人。如果新招聘的员工表现不佳，不只是他们的错，也是你的错，是你没有招聘到合适的人。要想下次招聘到合适的人选，有哪些信号必须注意，哪些教训必须吸取呢？

最后，让我们回到开头提到的事情：我很难过你必须经历解雇员工的艰难过程。但是，我也很高兴你走到这一步——这是你工作中最重要的一环，通常也是做得不太好的一环。

如何赢得员工的信任
——当你需要获得信誉时

信誉你已了解了不少：你已经从投资者那里得到信誉，获得了融资；从员工那里得到信誉，组建了员工队伍。

但这只是开始。你每天都在获得信誉，失去信誉；每天也在增进信任，腐蚀信任。

拿最近发生的事情举个例子。我们的一个投资组合公司没有完成本季度的销售任务，而且离目标还差很远。销售经理竭力说服董事会降低指标，我注意到该部门的所有员工似乎都很知足，没人觉得未达到销售目标是个大问题。我对这种放任自流的态度很担心，于是跟首席执行官和销售经理谈了话，他们随后将销售升级为“消防演习”。之后我了解到，每个人都迅速忙碌起来，但是没有一个人取得重要成果。

通过这次经历，我再次体会到说话不能太过随意。别人虽然听见我的评价，但我没有具体指出应该怎么做。面对这种情况，你要扪心自问能做什么来解决问题，重建信任。

- 采取什么具体措施来领导公司更好地发展？
- 为了协助这些措施的实施，你需要做什么？

- 这些措施什么时候实施?

要考虑以下几点:

确定你的策略和计划会激发员工的信心还是令他们畏惧。你讲述了一个一飞冲天的故事，表明你积极进取，还是讲述了一个令人心生戒备的故事（比如，挤在一起，储备现金，希望产品与市场契合）。如果你没有激发起员工的信心，就不要指望获得他们的信任了。

你会兑现诺言（我称之为“一诺千金、说到做到”）吗？遵守诺言很重要。如果你没有遵守诺言，你知道是什么原因造成的吗？你会采取适当的措施纠正吗？

你的回应起作用了吗？我经常看到人们采取错误的行动，做事时总是带着一种虚假的紧迫感（比如，我在前面提到的发生在那个销售经理身上的一幕）。

在《紧迫感》[①]一书中，约翰·科特认为大多数人和公司处在自满的状态中。但是，当他们面对挑战时，会组建紧急任务小组，这展现的是虚假的紧迫感，而不是真正的紧迫感。真正的紧迫感会激发员工，取得切实的进步。领导者必须致力于能真正产生影响的工作。

不要将行动力与动力混为一谈。要明白，工作繁忙并不意味着取得了进步。要集中精力做正确的事情。为了取得想要的成果，有必要进行组织优化。你是怎么做的呢?

- 反复试验，了解什么才是真正的成功。

① 本书简体中文版（第 2 版）已于 2012 年由中信出版社出版发行。——编者注

- 一旦明确什么是正确的事情，加倍努力，迅速行动，取得成功。

企业家不缺努力工作的精神，但是要衡量一下自己付出的努力，看看自己做的事情是否重要，是否能激励身边每一个人，是否能赢得员工对你的信任。

建立合理的决策程序
——当你想知道判断对决策的影响时

作为管理者你每天都在做出判断。我觉得我们在现实生活中也是如此。我们总是仓促地做出判断：这个人开车技术不好，这个策划人能力不强，这个厨师厨艺不精。（关于这个话题，有很多有趣的素材，可以去看马尔科姆·格拉德威尔的《眨眼之间》[①]。）

快速判断对个人生活可能不利，但在工作中特别重要，因为你会对其他人的职业生涯和生活造成极大的影响。想一想：基于判断，你做出雇用某人的决定；同样，基于判断，你做出给员工升职或加薪的决策。做任何事情都离不开判断：我们运用什么策略？我们打造哪种产品？我们提拔哪些人？

了解判断的作用，还真是一个错综复杂的问题。有时我们认为自己是根据适当的事实做出的决定，但是强大的认知偏见却无时不在悄悄地影响着我们。我们的大脑在不同环境中的反应截然不同。偏见会促使我们雇用行为举止和我们相似或看似熟悉的人，还会让我们远离不知道或不理解的事物。

---

① 本书简体中文版已于 2011 年由中信出版社出版发行。——编者注

这并不是说我们应该回避做决定，只是必须清楚虽然我们做决定的速度很快，但是不完美，所以必须尽一切所能建立一定的决策程序，还要有一定的透明度。你要记住以下几点，这样在做决定以前，你才能保持清醒和公正。

不要担心你是否必须做出决定。你应该担心的是做出决定时，你是仓促判断，还是思维开阔——这将决定所做决定是否最适宜。

带着怀疑的精神做决定。问问自己：我了解全部事实吗？我有没有遗漏了什么？（你总会遗漏一些什么。）有潜意识的偏见作祟吗？我都考虑周全了吗？然后回过头来，重新考虑一番。

问问其他人的看法：如果他们是你，他们会怎么做。在请教谁的问题上，不要设局限，不要无视那些肯定对你的想法持否定态度的人。想想别人处于你的位置上会做何反应，他们会做什么决定。如果你不知道解决方法，不要害怕向别人求助。问问你的董事会成员、员工或同侪。收集他人的建议常常大有裨益，但这并不意味着最终做决定的人不是你。每个人都觉得自己做出了决定，但真正的主导权在你手里，实际上是你做出了决定。

你要确定这个决定是否必须由你做出。如果别人能做，那很好；对他们来说，这是个锻炼判断力的好机会。你应该授权下属做重要决定（请参阅“合理分工的RACI模式——当你需要明确每个人的职责时”这一节）。

做出决定。要明白做决定是有时间限制的，你要先确定自己是否要做出决定。现在这种情况下，需要解决方案吗？如果需要，就做决定。许多人做决定时会拖延。本质上，那就是在做出决定。

锻炼自己的判断力，不断取得进步。如果你做了一个错误的决定，那就要从中吸取教训。犯了错误要勇于承认，并且迅速改正。在做重要决定时，你要考虑再增加一个事后分析的环节：这些决定是正确的还是错误的？你应该从中学到什么？虽然保持开阔思维和好奇心越来越难，但是有了经验和实践，做出正确的判断就容易多了。

我们必须明白我们每个人每天都在做出判断。要尽量使你的动机纯粹明确，这有助于你做出更为公正有效的判断，做出明确合理的决定。

过好“1分”的日子
——当员工失去工作激情时

你能感受到房间里的活力。每个人都能感受得到，它辐射到了每一个人。团队活力四射时，任何事情都有可能成功。

公司辉煌时，员工的感受就和费城老鹰队赢得超级碗比赛，或是勇士队赢得NBA（美国职业篮球联赛）总冠军后一样。按1到10分的等级划分，他们的感受属于最高级，即10分；裁员一半或降薪，员工的感受则截然不同，属于最低一级，即1分。

经营公司，你过“1分”的日子可能比过“10分”的日子多很多。很遗憾，激情似乎已经从你的团队消失了。在你的员工中，没有什么比无精打采更糟糕的事了。

事实上，员工应具有怎样的精神状态，你作为公司领导要定下基调。你必须树立好的榜样，焕发出那种活力。

为尽早让你的团队重获活力，享受更好的日子，下边是一些小提示：

首先，重新定位。你的团队最有活力时属于哪一个等级？你有过“10分”的日子吗？你日常的状态怎么样？今天的状态呢？

一起庆祝所获得的成功。和团队一起做一些有趣的事情。放松一下，请他们去看电影，或一起做慈善。这个很简单：在LiveOps时，我们能随便玩Nerf（孩之宝旗下产品）发射器游戏，还可以进行纸飞机比赛；在AdMob（移动电话广告市场，后被谷歌收购）和Everwise完成一笔大买卖后，销售团队会敲锣打鼓地庆祝。在公司的艰难时期，这样做尤为重要。我刚进易贝时，无论采取什么措施都不起作用。我进公司9天后，我们发起了“免费陈列日”活动，即24小时内不收取在易贝上展示产品的会员的常规费用，受到了易贝会员的欢迎——会员们熬夜展示自己的物品。这次促销活动使得商品成交额在一天之内大幅增加，让我们提前一年完成了销售目标。免费陈列对公司来说是一个很好的营销策略，但对于运营系统的人来说则是一场噩梦。我们不知疲倦地工作，解决了内存问题后，大家才松了一口气。我们游走在办公楼里，感谢每一位员工，这次活动让救急行动充满了正能量。

纪念特殊时刻。欢迎每一个员工，庆祝每个新员工的到来。庆祝特殊的日子，比如周年纪念日。IBM曾经在庆祝公司成立25周年时，给每个员工发了一块金表，但是大多数人不会在一家公司待那么久。你没必要等25年！你可以在公司员工大会上对员工所取得的成就予以表彰，或是给他们写感谢卡，用这种节俭的方式来庆祝公司周年纪念日和其他重要的日子。

视挫折为学习经验。出了问题，要公正、公开地予以解决。让大家提问题，然后争取他们的支持，解决问题。

即使再艰苦，也要满怀热情，树立榜样。在易贝，有一段日子特别艰苦，我整天一言不发，人们都看出我遇到了烦心事。他们很担心，问我出了什么问题，我说：“哇，仅仅因为我没有笑，就认为我生气了，或者有人遇到麻烦了。”不过，我必须承认，我的行为让他们担心了。我必须保持冷静，即使是在紧急情况下也应如此。这是我从梅格·惠特曼的管理中学到的。她每天都让我开怀大笑，这种交流帮助我渡过了难关。作为领导，你必须展现出自己的勇敢无畏、坦诚率直、信心坚定。

多和员工打交道。早晨向他们问好，晚上和他们道别。要平易近人。问候一下他们的家人，让他们看到你关心的不只是工作。当他们因为孩子生病没有上班时，等他们回公司后问一下孩子的情况。还要让你的团队享受乐趣，增进了解，一个简单有效的办法就是和团队一起吃午餐和晚餐。

除了员工，你还要关心他们的家人。将员工的家人考虑在内十分重要。员工上班努力工作，家人很惦记他们——你还需要获得你所爱的人的支持。在一些特殊的活动中，让他们加入进来。在易贝，梅格会带副总裁以上的领导及他们的家人一起过周末。能够和大家共度美好时光，在员工和他们的家人中间产生了强烈的共鸣。

很遗憾，你的团队没有活力。公司处于困境时，领导要多表现，起到示范带头作用，让大家明白如何渡过难关，如何迎接美好的明天。赶快进入角色吧，不要让团队把你打倒，你要带领他们走向成功！

找个大忙人去打扰
——当你需要和表现不佳的员工打交道时

总是会出现这样的情况：有人在考试中表现出色，面试中脱颖而出，加入公司后，事情却没有像计划中那样一帆风顺。他们的能力略逊一筹，没有什么经验，也没有完成交代给他们的任务。这是每个企业家都会遇到的问题。实际上，很多研究表明，有一半的新员工表现不给力。在面对表现不佳的员工时，领导者要考虑以下几点：

不断调研。作为领导，你有责任想尽一切办法弄清楚糟糕表现背后的原因。找到员工工作吃力的原因。他们没有全身心投入？他们不再喜欢自己的工作？和他们聊一聊，再和管理团队和董事会沟通一下，确定下一步要采取的适当措施。

设定高期望值，确保公司各个部门都清楚这件事。期望值一定要定得高一点，既要有挑战性，又要有实现的可能。有了远大的目标，能达到 80% 说明很了不起；但是如果达到了 100%，说明你定的目标可能不够高。

沟通是关键。要让每个人都清楚他们必须做什么才能变得更好。

建立一种文化，可以让员工及时并且常常向他人求助。出现问题是好事。如果能尽早发现问题，你就能解决它们。

迅速解决问题。如果问题没有改善，有时有必要采取其他措施。记住，等你察觉到员工的不良表现时，你的那些优秀员工早已知道了有人没有做好本职工作，他们希望你能解决这个问题。

友好分别，赞扬贡献。每个人都在观望公司如何应对这种情况。如果员工工作得不顺利，可以让他们离去，但是即使他们离职，也要以礼相待，尊重他们。

好啦，现在让我们说说真正重要的事情吧。在我们努力让员工充分发挥其能力时，常常会犯一个错误：我们花了太多的时间担心表现不好的员工，却对最优秀和最有前途的员工不够关注。产生最大影响力的秘诀是在最优秀的员工身上投资，让他们越来越优秀。

遗憾的是，这种情况极少发生。相反，在大家看来，最优秀的员工相当出色，无须关注。我们必须从不同的角度来看这个问题。如果某人十分优秀，你应该问问自己：我怎么才能让他更优秀。如果一个学生得分是A，你必须得探究一下怎么才能让他得A+。成功之道不在于把C等生变成B等生。

俗话说："请忙人帮忙才能成事。"有人认为这句话是本杰明·富兰克林说的，也有人认为是露西尔·鲍尔讲的，但是前IBM总裁约翰·弗兰德森将这句话拓展了，我十分喜欢："找个大忙人去打扰吧。"

发掘最优秀的员工，鼓励他们，严格要求他们。你的收获会让你惊讶不已，也会保证公司今天与未来的成功。

公布坏消息的 12 个步骤

——当你需要公布坏消息时

当你有好消息时，可能会迫不及待去分享。不要这么做。

相反，你应该让完成这个项目的人或团队来宣布这个消息。然后，你说说自己的看法，再加以表扬。每个人都应该有崭露头角的机会。（免责声明：如果这则信息要提交给董事会，你要先审核，再决定谁去传达。举个例子，如果会产生后续问题，这则消息由你出面就比较好。）

要是坏消息该怎么办呢？你有信得过的人吗？他们负责在出了事以后传达坏消息吗？对于这个问题，答案是“绝对不行”。不要让他们传达坏消息，即使他们想这么做也不行。

我在易贝时，一有技术问题，就会给梅格·惠特曼打电话。那是1999年，我每次不得不在半夜给她打电话。梅格的丈夫是个神经外科医生，总是他接电话，他以为有病人突发疾病给他打电话，我回答道：“没有人生命垂危，是我，能让梅格接电话吗？”我知道她不喜欢这样的电话由其他人来打，只能由我来告诉她发生了什么事，还得告诉她我和团队一起在想下一步该怎么做。但是和董事会解释发生的事情就是梅格，而不是我的事情了。

最近韦伯投资公司的一家组合公司只完成了预定目标的60%，让我想起了这件事。之前那家公司表示可能完不成本季度的目标，但也不会差很多。销售经理给董事会写了一封信要承担这个责任。我尊重他们想要承担责任的意愿，但是这封信应该是由首席执行官来写。这就表示，整个公司都要考虑这个问题，并且想方设法去解决。

作为首席执行官，传达坏消息是你的责任，不能置身事外。你必须把事情的来龙去脉跟大家讲清楚。比如，你不能只说“我们这个季度没有完成任务”，却没有详细解释是怎么回事，你将怎么补救。你的目标是让听的人思考：“好的，谢谢你告诉我们具体情况。”而不是让他们担心他们得做些什么。大多数董事会成员听到坏消息后都会有所行动；你应该告诉他们你将如何改进，这样他们就能让你集中精力去解决问题。

无论谁传达坏消息，都必须在坏消息中掺一些好消息。如果你仅仅说出了真相，那你的工作远没有结束。你不能总是让别人听到坏消息——这不是成功的秘诀，更不用说长久发展了。你应该想方设法强调取得的进步，传达一些好消息，让员工们积极乐观。

你在宣布坏消息时，可以考虑采用以下 12 个步骤：

- 坏消息不会随着时间的变化变成好消息，所以不要等待。（请参阅信件“‘反应过度’好过‘反应不足’——当你遇到危机时”）。
- 要冷静、专注。
- 确定消息坏到何种程度。
- 弄清楚谁需要知道坏消息。
- 如果事情很严重，咨询你的律师和顾问，倾听他们的建议。
- 决定要公开的事情。（不要反应过度，也不要反应不足。）
- 确保坏消息由你公布。

- 说出真相，承认现状及事情的严重性。
- 告诉大家你的举措及进展。
- 对于接下来的进展设定预期。
- 不要期待人们听到坏消息会开心。
- 向别人求助，问问那些听到坏消息的人，你还能做些什么。

传达坏消息一点儿也不轻松。给梅格打紧急电话或是给她写报告坏消息的电子邮件时，我总是提心吊胆。但是，这种痛苦也促使我去想，怎么能减少给她打这种电话或是写这种邮件的次数。我们确实做到了。我们一直在和梅格交流。当团队越来越强大、越来越优秀时，我报告的坏消息越来越少，我的团队开始传递好消息。我希望你也一样。

领导要有更高的标准
——当你需要为得体的行为举止定下基调时

从一开始，为公司定下良好的基调是十分重要的。最重要的是，要始终善待、尊重员工。

你通常知道什么是正确的行为方式，但如果你处于不确定的环境中会怎样呢？假设无论你做什么事都会出现在《纽约时报》的头版，你有什么感觉？你觉得你妈妈在看了报纸后会怎么想？（在易贝时，梅格·惠特曼经常给我们讲这些例子。）在贝恩公司，他们称之为“阳光测试”（如果将此事暴露在光天化日之下，你感觉怎么样？）。

最近出现了许多关于投资者、首席执行官和领导人行为不端的新闻。在硅谷、娱乐圈、传媒界、政府和其他圈子，我们听到了越来越多关于性骚扰的新闻。

人们能站出来说话，我感到很高兴，因为我们要更多地关注这个问题，增加这个问题的曝光度，才能让这种丑行不再发生。但是，我们不能只是等举报人自己说出来。要解决这些问题，领导者起着至关重要的作用。他们必须认真研究怎么才能阻止这种滥用职权的问题，同时认真审视自己的行为。

如果你还没有定下适当的基调，是时候做这件事了：

一定要让大家清楚，在工作场所应该有什么样的行为举止。要制定行为准则，哪些事可以做，哪些事不可以做，以及如何让人们负起责任。

不要推广单一文化，比如“兄弟文化”——陈旧过时而且很危险。创造一个支持和弘扬多样化的工作环境，让每一个人都感到轻松自在。

表扬团队、庆祝成功大有裨益。检查和奖励员工至关重要，但是领导者必须记住他们的职责，即使不在办公室也要注意。他们不能失控，不能过分。我知道某个公司有开假日派对的传统，在派对上，首席执行官让员工相互斗酒。这个首席执行官太蠢了。不管你平时有多么精明，多么彬彬有礼，酒精（和其他麻醉物质）会改变你的判断力，影响你的自制力。

有一点需要明白，用别人反感的方式施加压力行不通。另外，想和下属发展男女关系时，要清楚自己的位置。不要和下属有情感牵扯。记住，你在公司的责任和影响力越大，你在这方面的自由就越少。

永远不要做不道德或是违法的事情。我就不再多言了。

你要明白感知即现实。我们生活在一个透明、毫无隐私的世界里，到处都有摄像头，什么都能被记录下来。不端行为很可能被拍照，然后公布出来。不要让自己失了体面。若你位高权重，做任何事都会有一定影响，即使只是看似在做某事也会带来不好的影响。

记住，要人性化。很多事情做得过分了或是出了错，很容易被看到，但是还有更多不易察觉的小问题。

- 在工作中，能拥抱别人吗？我觉得可以，只要大家欣然接受。
- 说“伙计们”怎么样？我曾经总是这样说，我的意思是包括所有人。现在，我觉得这样说不妥。我现在换成了一些截然不同的词，如“团队”“员工”“你们”（我来自佛罗里达）。

- 和某人单独出去喝一杯？（如果他们是你的下属，可能不太合适。）

领导要有更高的标准。你的地位越高，为员工树立榜样的责任也就越大。所以，要做正确的事情。

第五章　自我管理

要经营好企业，先经营好自己

摆脱压力的5个步骤
——当你不堪重负时

如今你倍感压力，不知所措，为此我深表遗憾。不过这种感受对我们来说很正常。最重要的是要明白这个状态只是暂时的。只要付诸行动，就能从这种不适的情绪中摆脱出来。

这里给大家讲几个故事，有平凡的，也有颇具战略意味的。

就在几个星期以前，我早上8点在旧金山有一个会议，路上需要花费两个小时，所以这一天起得特别早。我起床穿好衣服就匆匆赶往办公室，因为想在出发前处理几封重要邮件。但是邮箱打不开。我重新登录，却显示密码错误。我感冒得厉害，感觉非常糟糕。我想，自己为什么这么倒霉？然后我深吸几口气，重启了电脑，之后一切正常了。有时候，人在压力大的时候，甚至一些很小的问题都似乎变成了一道不可逾越的鸿沟。但当你从这种情绪中跨出一步，采取一些必要的解决办法，你就会觉得这些问题也没有什么大不了的，为它们难过一点也不值得。

上周，我准备在怀俄明州的杰克逊·霍尔酒店为妻子办一个生日派对，这个派对我已经筹划了很久。我们的家人朋友从各地飞来一起庆祝。下午5点，我们的家人已经全部到达，准备7点出发去参加晚宴。那时所有的朋友也会给我妻子一个惊喜。同时，赛富时公司正在为并购

Demandware公司（企业零售云计算解决方案提供商）一事进行洽谈，其并购委员会正是由我率领。早在下午两点的时候，我就与赛富时的董事会通了电话，那时我认为自己把所有事情都安排好了，我有足够的时间掌控一切。然而这时，公司要求多拿出一些时间来考虑交易的事情。5点半，公司来电，说6点要再进行一次董事电话会议。但我们到举行派对的酒店有25分钟的路程。我想，为什么会这样呢？我向家人解释了现在的情况（他们已经习惯了这种“突袭”事件），并且给负责整个派对的人提前打了招呼。然后我和董事会深度探讨紧急的问题，设法在电话会议中集中讨论必要的问题。结果，我们准时到达派对现场，整个惊喜派对进行得非常顺利。可我当时真的倍感压力，不知所措，血压飙升！

在雅虎的工作经历我不能一一详述，但其中许多时候，我都可能真的被压力击垮（比如激进的股东、核心业务进展不够快，以及不利的外部媒体等）。如果不是董事会成员在公司对外宣传方面步调非常一致，每个人都有可能被压力击垮。转移注意力，继而付诸行动，而不是一味关注潜在的消极因素，这样可以大大消解压力来袭的感觉。

大多数情况下，面对令人沮丧的事情时，人们的第一反应就是将注意力集中在不利因素上，并且质问为什么这种情况会发生在自己身上。这些的确是自然反应，但对处理问题并没有帮助。在我的另一封信中，我阐述了在遇到危机时应该做哪些事情，此处我以笔记的方式分享一下其中的内容：

开始采取行动，集中精力解决问题。当你感到不堪重负时，无论是什么情况，你都可以遵循以下5个步骤：

- 冷静。

- 问自己一些问题。
- 弄清楚方向。
- 制订一个你认为可以实现的计划。
- 采取积极的行动。

在整个职业生涯中，我最受益的一个技巧就是：不堪重负的感受只是一种情绪，这种情绪可以通过慎重的经过实践检验的方法来摆脱。（在好几份工作中我都遇到了许多危机，可谓跌宕起伏—我也不知道我怎么这么幸运）。如果想要了解更多的内容，请读戴维·罗克所著《高效能人士的思维方式》一书。该书对于大脑认知的局限性有精彩的论述。

一旦觉得自己深陷压力中，没有必要为了摆脱它而真的去纠正所有的事情，你只需制订一个你相信能实现的计划，然后付诸行动。以下是我曾经使用过的行之有效的方法：

主动整理我的日程安排和待办事项。尽可能多预测、多防范。问问自己：什么有可能阻碍最重要的事情？多探索出几种方法应对“突袭”事件。

不要期待所有待办事项都能完美完成，但期望能完成最重要的事情。我发现，与其担忧多久能完成一件事，还不如花时间去做这件事。所以，就像耐克广告上说的那样：“尽管去做吧。”

每周留出时间反思，确保我做的事情是重要的。每个人都很忙，但绝对不能将行动与动力混淆。

努力避免自己成为障碍（参见“高效执行的方法—当你需要提高执行力时”这一节）。

我们每个人时常会感到压力很大，但作为首席执行官，不能表现出自己的压力很大。要记住，你是领导者，员工从你的身上学习如何处理事情。你在公司中总是最先获得信息的一个人。如果你发现自己将要被压力打垮，要私下花时间应对，这样在公开场合才能专业而且积极地与员工以及其他人沟通。

当感到压力很大时，最重要的一件事情就是保持冷静，要认识到摆脱这种情绪的最佳方法就是采取行动，实施一个考虑周全的计划。

失败但不失体面

——当你必须接受创业失败的事实时

我很抱歉你需要看这封信。

要知道，并非只有你一个遭遇失败。创始人需要应对各种各样的失败：招聘失误、产品上市失误，或者公司在市场上毫无吸引力等。然而真正重要的是如何解决这些问题。我发现面对失败有两种截然不同的应对方式：

寻找借口。作为一名投资者，我常常听到创始人为出现的问题找各式各样的理由——“市场还不成熟”“产品还没有准备好”“资金消耗得太快”。那是谁选定的市场，又是谁研发的产品、谁花的钱呢？当谈到应对失败、走出失败、从失败中吸取教训的时候，重要的是要为每一个失误承担责任，这样才能确保不会重蹈覆辙。

承担责任。事情一旦出错，我总会先观察创始人是否承担后果，是否承认是自己的错误导致了这样的后果。我欣赏和赞许那些能够自己认识到错误并且从中吸取教训的人。同时也要警惕，因为有的人只是口头上承担责任，并不是真的要承担责任。

那么你应该做些什么呢？下面几点有助于你做到虽然失败但不失体面：

走出灰色地带。继续浪费金钱，幻想着能有一个转机，这种黑暗区域并不适合你。你一定要了解：这种做法是不是对的？如果想法不够好、不够大，那么就判断是否要做出重大变革。如何重新调整？需要做出什么与众不同的事情吗？最近我们在一个投资组合公司进行了重大变革，更换了首席执行官。这些改变拯救了公司。但是更换首席执行官不是万灵药，极少有创始人能够像史蒂芬·乔布斯拯救苹果公司或是像迈克尔·戴尔拯救戴尔公司那样，在回归公司后立刻就能挽回局面。

学会适时放手。若想法一直不能成功，那么就要想想怎样出售技术和人才，以此回收一些资金给投资者。我们的一个投资组合公司就是将人才资源并购给了谷歌公司。创始人要为其团队找到一个新家，同时要特别关照其工程师，并且把筹到的资金全部返还给投资者。

待人如待己。人们在做每一份工作时，都想与人保持良好的关系。尊重别人，就是让别人记住你的一个好机会。就算公司没有发挥出其全部潜力，你也希望员工能够感受到更多的关爱。很可能你还想重新创业，如何面对如今的失败就有可能成为你如何为未来的事业筹集资金的先例。如果这个时候你退出了，那么下次想要获得别人的支持就很难。具体来说：

要及早沟通。令人吃惊不是什么好事，特别是当所有的钱都花光的时候。人们应在公司倒闭前就了解到公司处于困境之中，这样投资者就有可能帮助公司重新走上正轨。要给他们一个机会。

要安抚好客户。不要对客户撒手不管。公司倒闭前，如果还有要服务的客户，要引导他们换一家公司，然后告知服务结束的时间（尽量提前 90 天或者更早告知）。

对待员工要慷慨。确保他们有别的工作可以做。我的建议是有序遣散。在决定谁能得到什么、投资者付出多少代价时，总会有些左右为难，但这里没有硬性规定。你做的决定要依情况而定，还要看团队在其他方面的表现，关键是做到公平。

将注意力转到“现在怎么办”。确定自己是否有勇气重新创业。是否还有热情和激情重来一次，或是走一条更为安全、经济状况更好预测的道路？抓住机会退后一步，好好想一想：到底什么地方出了差错？对自身有了什么新的了解？准备好重新再来一次了吗？

失败是企业家的必经之路。不要为此感到恐惧，不要失去改变世界、创造辉煌的动力。

要记住，真正的创新就在于尝试，失败，再尝试。托马斯·爱迪生在发明我们生活中不可或缺的灯泡之前尝试了上百种方法。贝比·鲁斯不仅在本垒打，在三振出局比赛中也保持着纪录。亨利·福特在打造推动现代产业变革的福特汽车公司之前，也有两次失败的经历。这个世界需要更多大胆创新、锐意求新的创业者。

在别人看到局部时看到机会
——当你需要灵感时

此时的你需要一些灵感。也许你正在寻找一个好的创意，或者需要另辟蹊径解决一个棘手的问题。

灵感源自哪里？如何获取？我认为许多人比我更有资格谈论灵感及其来源。有一些非常棒的资源，比如全球顶级的创新与设计公司美国IDEO公司的戴维·凯利和汤姆·凯利合著的《创新自信力》[①]，这本书讲述了拥有创始人思想的价值。作家伊丽莎白·吉尔伯特关于天才是如何产生的TED演讲也是很好的灵感源泉。

每个人的灵感来源都不同。有时灵感只是一瞬间，但更多的是努力、运气和开放式思维共同作用的结果——能够在别人看到局部（甚至什么也没看到）时看到机会。皮埃尔·奥米迪亚只是在街上闲逛的时候萌发了创建易贝的想法。甲骨文公司的马克·贝尼奥夫在夏威夷度假、与海豚嬉戏时产生了创立赛富时的念头，同时也产生了将慈善事业融入企业的灵感。这一灵感源于他崇拜的领导人，包括阿马（“拥抱圣人”）、科林·鲍威尔等。肯尼迪总统拓展美国太空项目，雄心勃勃地想要将人

① 本书简体中文版已于2014年由中信出版社出版发行。——编者注

类送上月球，就是因为苏联在人造卫星竞赛中已经领先美国。肯尼迪受到鼓励，要重新定义什么是终点线。

在我看来，灵感常常始于挫折。灵感起初经常表现为难以解决的问题，然后是人们不愿意接受无解的事实。我心里一直想着这些棘手的问题，不停地寻找解决办法或不知源于何处的洞见。下面是我亲身经历的几个事例。

我在易贝的时候，在搜索方面遇到了一个非常棘手的问题。谷歌和雅虎的搜索专家不愿意给予我们帮助。我们也找到一个供应商，我们认为他们可以解决，但经过了一年的努力，搜索团队告诉我说还是不行。我们的搜索能力每天都在退化，钱花了一大笔。搜索团队束手无措，我也不知道该怎么办。我召集最优秀的人员，但我并没有制定具体的日程安排或是发放任务，而是向他们说明了整个情况："我们现在有一个棘手的问题。我知道我们可以解决，这是我们解决问题之后的结果。我有资金，告诉我你们还需要什么，我一定会办到。"这番话似乎激励了他们，团队用了 6 个月左右的时间提交了一个解决方案，成本更低，效果更好。

不管你相信与否，创办韦伯投资公司的灵感也是源于一个棘手的问题。这次是一个私人问题。我和妻子本来商量好，一旦我从 LiveOps 的首席执行官职位上退下来，就不再担任任何职务。我也答应她在 LiveOps 我只做 5 年的首席执行官。但是我还不想退休，我还可以为社会做更多贡献。但是既然我答应了她，就不能走常规的路了，为此我非常惆怅。

一个周末的晚上，妻子出了城，于是我参加了一个在旧金山举办的美国联邦通信委员会董事长晚宴。在晚宴上，我与硅谷传奇、莲花软件公司的创始人米切尔 · 卡普尔谈论起我们当时正在做的事情，然后他邀请我去他家做客。在约定的这一天，我坐进汽车里还在想这么做是否明智，但既然答应了，我还是去了。一到那里，米切尔就与我分享他在卡普尔投资公司做的事情。离开之后，我突然意识到我得选择如何度过余生。我想创建自己的团队，不想加入别人的团队。所以在几周之内，我创建了韦伯投资公司。这是解决我职业生涯困境的正确方法，令我很有成就感。

甚至，我创建Everwise公司的念头也是源于一个问题。当时我正在写一本书，但是一直被出版界的限制所困扰。这本书拖了很长时间才出版，而且出版商拒绝了我研发一款与图书配套的应用软件的想法。我回去的时候非常气恼，但我之后忍下心中不快，并以此为激励，向自己发出了挑战："我一定能够在书出版之前创立一个公司。"我想到了创立Everwise公司。我当时脑子里的想法就是"指导"，这也是这本书中某一章的主题。我知道，这个世界需要一个机构来帮助寻找和协调导师和学习者。我们的确做到了，在这本书出版之前创立了公司，现在它不只是一个有趣的挑战，更是一个真正的公司。

创建韦伯投资公司要比我最初预想的更有趣，更具挑战性。但是几年后我知道，我们还有更多事情需要做。我们需要创建一个全新的网络来释放它的能量。除了投资一些后起之秀外，我们还需要从头开始创建一些新的公司。我还偶然碰到了另外一个问题，同时也找到了解决办法。韦伯投资公司无线电信息网络实验中心还未成长起来，但我知道，它会带给这个世界一种有趣的新能量。

即使现在你还没有找到所需要的答案，我保证，它此刻就在那里等着你。你只需要承认现在遇到了棘手的问题，然后着手去解决，要满怀探究的勇气，要相信奇迹能够而且将会发生。

你必须从"我怎样才能"而非"我不能"开始。这是你灵感开始的地方。希望你的灵感充沛而且有所助益！

恢复力和潜力的重要性
——当你遇到挫折时

我从妹妹那里得知了乔治·迪亚兹医生去世的消息。小时候住在佛罗里达州时，他是我们隔壁的邻居。迪亚兹医生是小镇上的一位牙医，每次需要他的时候，他都会适时出现。我 5 岁生日时，父亲将我松动的牙用线拴起来，系在门把手上，想把牙拔出来，当时很惨，是迪亚兹医生帮我实施了紧急手术；我和兄弟踢足球时磕掉了牙齿，迪亚兹医生也正好在；送报纸的时候我撞到自行车把手上，掉了两颗门牙，是迪亚兹医生帮我看的牙。他当时问我："牙还在吗？"我确实还保留着，他就帮我把牙装了回去。

迪亚兹医生心肠很好，我一想起他就想到恢复力。他见证了我早期的各种挫折。可能也有这一部分原因，所以我明白一定要收拾好自己（和牙齿），恢复好，继续下一段冒险旅程。我经常谈论挫折，因为我们都有过挫折。作为创始人这一世界上最难的工作者之一，你会遇到相当多的磨难。然而，有挫折或者挫折有多大都不重要，重要的是你怎样应对，从中能学到些什么。

在我的职业生涯和人生中，我发现使一个人大受打击的事情，对另一个人几乎没有什么影响。

近来，我遇到了人生中最严重的挫折。我现在所涉及的公司突然曝出了一些几年前的负面新闻。这个事情太过严重，让我震惊到无法呼吸。但你只能允许它短暂出现，要不然你就是认输了。发生不好的事情时，你只有两个选择：要么蜷缩在被子里，待在床上；要么振作起来，去完成已经开始做的事情。

最近我就见过这样的做法。我们一个组合公司卓越的首席执行官遇到了一个重大难题——他经过好多年的挖掘，引进了一位高级经理，但没有想到，这位经理仅仅工作了6个月就辞职了。这位首席执行官并没有让这件事情扰乱自己或是公司，而是很快振作起来，开始面试其他优秀人才。

这才是正确的方法，而且是唯一正确的方法。当然，说起来容易做起来难。人总是需要振作起来，但是如何才能振作起来呢？

首先要接受疼痛。要承认疼痛，要明白这种经历虽然艰难，但最后会使你更加强大。我常常想起很久以前第一次从詹姆斯那里读到的《圣经》。其中有句话是这样讲的："无论什么样的困难找到你，你都要把它看成得到极乐的机会。要知道，每一次自信受到打击，都是一个变得更加坚韧的机会。"

经历治愈这一过程。尽一切可能解决问题，无论需要带着磕掉的牙齿去看牙医，还是与别人诉说你的不幸，或者是慢慢从创伤中恢复。

不要变得麻木冷血。有些人虽经历过失败后能够处理一切事情，却丧失了人道主义精神。他们变得心硬如铁或是自私自利。遭受挫折后，要小心谨慎地从中吸取教训，要从中获取智慧和理解，而不是变得尖锐。要让这次挫败帮你设身处地地为更多人着想。

要知道，这次打击并不能阻止你满血复活。恢复速度很重要。你必须重新开始，不要害怕再次冒险。挫折发生了，如果任由它打败你，那么你就输了。

重塑力量。要提高应变能力，下次就能用不同的方式解决问题。

鼓起斗志。你刚刚经历了重创，这很不幸，我也为此感到遗憾，但你必须站起来。你身后还有太多的重要工作需要去做，没有时间让你沉浸在自我怜惜中。

恢复力不只关乎决心、勇气，还关乎潜能的开发。每次接近潜力，潜力都会增大。每个人，尤其是领导者和高管都要拥有这种恢复力。没有恢复力，你就只能待在自己的舒适区内，无法达到优秀，只能碌碌无为。

不要停止学习如何处理更多的事情，快速从失败中走出来。这是领导力和成长的奥秘所在。

个人利益和企业利益

——当你需要把公司需求置于自身需求之前时

也许你正面临着对任何一位领导人来说都很难的问题：什么情况下应该把公司的需要放在首位？

首席执行官这个职位听起来不错，但当你真的必须履行职责，发现工作必须置于个人需要之上时，就不会这么认为了。你会发现，身居要职的人需要将企业任务置于自己目标之上。有时候，这会是一大盆冷水，将你浇醒。

至少对我来说是这样的。当我在IBM做经理时，我明白这要比普通员工的责任大得多。我过去常开玩笑，其实是因为内心恐惧。（比如，“我的工作是不是要丢了？”）我还认识到，员工都期望我能消除部门中的担忧。我第一次认识到领导角色的含义比团队个体成员（我之前一直是）的要广这个事实。

随着在工作中的不断进步，我接触到很多新工作，职位越来越高，我也很高兴，这些职位包括首席信息官、首席运营官、首席执行官。我进过董事会，甚至有几次还担任过董事长。有无数次，我不得不牺牲个人利益来成全企业的利益。当然，我常常为了让明星员工拿到更多的薪酬而降低自己的薪酬。有好多次我取消了家庭度假。其中一次已经在去机场的路上了，我又掉头回去了。还有一次为了帮助易贝经营好转，我被安排前往中国，没有家人陪伴，在中国几乎待了半年的时间。这段时间正好是我儿子高中最后一年的关键时刻，当时我们全家正在建造我们梦想的家园，这个时候梅格·惠特曼要我给自己的工作热情打分，从1到10分，10分最高。我诚实地回答说："1分或者2分。"她告诉我："你还需努力。"我确实还需要努力。我全身心投入公司的工作中，但是我的家人做出了巨大的牺牲。（我后来才意识到，这种牺牲是值得的，但我当时不确定，我的家人也不确定。）

一年后，我女儿准备升高中，公司要把我调到欧洲去管理Skype（即时通信软件）。这一次，我选择了家庭，我也知道，这个决定意味着离开易贝。并不是易贝要求我辞职，而是我认识到我不愿意把工作任务置于个人愿望之上。作为公司的二把手这种想法是不对的，但是我从未后悔做这样的决定，也不后悔离开易贝。这个决定是正确的，因为这是我当时愿意放弃的。

领导者各不相同，有的领导者属指挥控制型，经常发号施令，希望人人都听从自己的指挥；有的领导者是公仆式的，总能鼓舞人心，把集体的需求置于自己的需求之上。最鼓舞人心的首席执行官致力于改变世界，他们能够把公司的使命放在首位，把自身价值和需求放在身后（令人费解的是，这些人能够同时兼顾公司、家庭和团队各个方面）。

领导风格因人而异，所以不要让任何人替你决定怎样在公司中发挥首席执行官的作用。每一位首席执行官都有不同的工作方式，然而，如果要判断一位首席执行官是否称职，他们都需要审视自己的表现，要问自己以下问题：

- 我是在推动或者领导公司前进，还是拖了公司后腿？
- 我为公司的未来和成功做了那些特殊的贡献？我还会再雇用自己做首席执行官吗？为什么？
- 我是用命令的方式在管理团队吗？为了让团队获取前所未有的能力，我会对团队提出挑战吗？
- 向团队发出挑战后再回头想一想，这样推着他们向前走合适吗？为了达到预期效果，会造成不必要的混乱和失败吗？为什么？

有时，当你感到累了或是压力很大的时候，需要下定决心，坚持下去。我坚信领导者愿意去做，也会尽力做一些让人想象不到的事情。但若你失去了接受挑战、承担领导职责的澎湃激情，你可能需要把公司的成功置于自身利益之上，这也许意味着你要靠边站。

当领导很难，需要做出巨大的牺牲。你要管理员工，负责客户，还要应对董事会和投资者。私募股权投资公司德太公司（TPG）的创始人曾经打了个比方，他把当首席执行官比作下 3D 象棋，其困难难以想象。

你现在做的是全世界最困难也最酷的工作。希望你坚强。

勇敢和傲慢的界限

——当你误以为傲慢是勇敢时

你创立了一个公司，这个过程从无到有，像变魔法一样。作为创始人，你比任何人都希望公司能够走向卓越，这是一种勇气；也许你还认为自己的创想和才能无人能及，这是傲慢。

（大多数情况下）这很正常。事实上，你必须有创新求异、追求卓越的信念，但你更需要履行你的承诺，说到做到。毕竟愿景如果没有变成现实，也就没有意义了。换句话说，一定要付诸行动，实现愿景。

这些都是常识性问题。但事实上，勇敢和傲慢之间还是有界限的。我们都有过这样的经历：有些人的热情能感染你，也有些人会因为傲慢激怒你——我们都懂得这种感觉，它所传递的信息很清楚。

在韦伯投资公司，我们经常和企业家会面，从他们的谈话可以听出，有的人勇敢，有的人则很傲慢。那么什么样的人是勇敢呢？我总是很喜欢听他们向我解释自己的主意和方法为什么会成功。当然，每一位前来见面的企业家都认为自己的策略很成功，若是真的信念坚定，是会表现出来的。怎么表现的呢？有的人能清楚明白地说出自己的愿景、价值主张、市场和潜能。他们目标清晰，知道下一步要做什么，知道将钱投在什么地方。他们不会轻视竞争对手，不会把对手看成傻子或是新手，而是指出对方的优势，解释为什么这些优势无法战胜自己的新创公司。

还有一点特质可以证明勇敢，不过与我们的直觉不太一样：毫无顾虑地找出可能出错的可怕事情。那些说“我们还没有完全解决”“现在还早，但我们已经预见到了这些情况”的人都给我留下了很深的印象。没有商业计划或模型能防止所有失误，我很欣赏那些能够强调未知的企业家。预测所有可能性的行为说明这个企业家是经过深思熟虑的，是理智且自律的，同时也说明他很诚实，能认识到自己还需要学习。

（注意：你还应该确定一些事情。比如，如果你在筹集资金，应该提前和潜在使用者或客户探讨，你还需要了解对手，等等。）

相反，傲慢是一种很危险的态度。当创始人说他们现在进行的一轮融资很火爆，投资的人过多，那么我就能从中看出傲慢的态度。实际上这只是一种策略，当没有人投资时，这样可以人为地让投资者加快投资速度。当然也有一些快速的融资是合理的，需要快速下决定，但没有人喜欢被误导。还有一些傲慢的信号，其中包括没有把PPT（演示文稿）提前准备好，或者吹嘘市场有多大，还有的回答不出如何使业务实现货币化，抑或那些计划野心勃勃但又难以让人信服。我们希望看到创始人有极大的热情和激情，但需要其团队、市场或产品有相关的证据作为支撑才行。

总的说来，勇敢和傲慢之间最大的差别就是倾听。有胆识的企业家思虑周全，善于倾听。或许他们不会完全遵循我们的建议（这没有问题），但是我们希望看到的是他们看重并考虑外部意见。

然而，很多企业家一旦取得一些成功就会认为自己一切都能搞定，从而深受其害，令人惋惜。我注意到事业上升期时有一个有趣的悖论。

当你开始创业的时候，有时你必须扯着嗓子大声喊才能打破噪声，引起注意；在你成功之后，每个人都会听你的，同意你的说法，即使他们不应该这样做。下面一些方法可以让你在工作中勇于进取，避免傲慢。

示弱以建立信任。过去我一直认为示弱是软弱无能的表现。我在40多岁时听力出了一些问题，我非常担心，觉得自己的职业生涯会就此结束。但我真的大错特错！与直觉相反，我发现，我越是表现出脆弱，越受人尊重。作为一位决策者，总是想做到完美会压力巨大。可是你越体现出人性的弱点，就显得越真诚，认同你、支持你的人就越多。（我的听力问题反而变成了一份礼物。有时人们在会议上漫天而谈，只要我开玩笑地说，调低助听器的音量，每个人就能迅速回到正题。）

承认错误。每一位守门员都漏过球，但更重要的是去接球。若犯下错误，要尽快承认错误。去道歉，解释，纠正错误，然后继续前进。在易贝工作的时候我学到了这一点，当时我不得不停止招聘。这对企业很有必要，也很有效，但我当时做的方式有些粗暴，让管理者感觉被剥夺了权力，排除在了决策圈之外，令他们非常不满。我们意识到了自己的错误，并在一次会议上道了歉，为此收获了善意的掌声。我也学会了怎样做得更好：下一次要让更多的人参与进来。身为领导者，要记住自己是榜样，员工会向你学习。（当然，不能让犯错成为常态，否则会很快失去信誉。）

批评是最好的导师。诚然，有一群人追随左右并且把你当成典范，这听起来很不错，但想想《皇帝的新衣》，你就会打消这一想法了。当你的每一步行动都会有人夸赞时，一旦摆脱这种良好的感觉，你就会意识到你自己身边不只需要这些“点头”的人。这些“点头”的人会支持你，从不质疑你，但并不会让你变得更好。除了这些只会认同你的人，你还需要身边有诚实的人、能提出批评的人。他们或许会惹你不高兴，但他们能帮你认清自己的优势，还能帮你掌握自己还没有掌握的技能。这个做起来很难，所以要制定有益的策略。我在韦伯投资公司的团队负责提投资建议，我必须帮助我们投资的公司。从我们的经历来看，这样的过程有助于我们做出更好的决策。有极个别情况，我的团队很赞成但我反对，我愿意听取他们的意见再进行投资；有时候我赞成但团队强烈反对，我们会一起讨论，直到达成一致意见，皆大欢喜。

保持谦虚，不要看关于自己的新闻剪辑。如果你已获得成功（这也是我们乐意看到的），那么你就要更加努力，成为自己最大的批评者。你当然要相信自己，为自己取得的成就感到骄傲，但不能超过两秒。有确凿的证据证明，领导者的决策会受到公众认知的直接影响，最近的好评会使领导者做出鲁莽和不切实际的决定，而负面评价会使领导者采取过于温和的举措，这很危险。（想要深入了解这个有趣的现象，可以看奇普 · 希思和丹 · 希思的著作《决断力》[①]）。为了尽可能保持“中庸”，我不忘初心。回想起来，那些挫折、荣誉和好运对我的帮助都很大。不要忘记过去，要学会感谢曾经向你伸出援手的人，用他们帮助你的方式去帮助其他人，以此来回报他们。

一旦你做到了这点，你就会渴望知晓一切答案，不再有任何疑问。但这有点不切实际，因为没有人是完美的，也没有任何里程碑事件（比如当上了首席执行官，成功实现了一轮融资或者公司上市等）能让你做到这一点。

经历过这些，你就会知道：尽可能做到最好并不等于做什么都要做

① 本书简体中文版已于 2014 年由中信出版社出版发行。——编者注

对，而是意味着永远追求更好。你也会学到：每一种行为或每一个进取的姿态，在你职业生涯的早期阶段，对取得成功极为重要，但在下一个阶段，可能会使你偏离成功的轨道。所以，要收起你的傲慢，驯服你的自大，但不能丢掉胆量和勇气。

如何平衡工作和生活

——当你因工作繁忙而受到家人责备时

你应该如何平衡工作和生活呢？对于这个问题，我经常反问："你在跟我开玩笑吗？"

这么回答不是说工作和生活平衡这个问题不重要（事实上很重要），只是因为，如果你是一位创始人，你早就该下定决心在接下来的几年里把大部分精力放在工作上。我非常赞同一个创始人的话，"平衡好工作和生活是创业的先决条件"。我给许多企业家投过资，他们长时间地工作，想干出一番事业。我们的一个投资组合公司名叫Grubwithus，其创始人在筹集资金的那段时间一直睡在汽车里，这让我永生难忘。我知道创始人都极为关注公司，为了确保公司成功，他们愿意做出很大的牺牲。当然，不是所有创始人都能有冒这种风险的自由——不过这没关系。

创立一家创新型公司，需要许多人具有英雄主义，特别是创始人。不幸的是，在创立公司中，事实上根本没有平衡可言。想要卓越就要付出极大的努力——大力神赫拉克勒斯般的努力。

众所周知，创建公司与胆小者无缘。大部分的创业都会失败。创业之初，你必须极为专注。创业不是（也不应该是）每个人都能做的。如果你想自己投资，那想做什么都可以，但是如果想从外部融资，投资者会期望创始人百分之百地投入。这也是摆脱困境所必需的。如果你想做点什么以改变商业游戏规则，想比现在强大一千倍，想要改变一个行业甚至是改变世界，那就要付出很大的代价，非常困难。

有时这种付出是值得的，但有时也不值得。如果不值得，也不要半途而废。许多年前，我在一个势头很猛的初创公司担任二把手。本来公司应该在旧金山湾区，但之后新来的首席执行官想要把公司搬到西雅图。我妻子不想离开硅谷移居西雅图，但她也不想成为我的阻碍，对我说，我可以两地来回跑，周末回家。我说："这是一个初创公司，没有周末可言。"（她对诸如此类的工作安排已经习惯了。她很喜欢告诉别人我当时在托马斯-康拉德公司有多么艰难，公司当时在奥斯汀，是一家初创公司，我甚至有一次在周末还得请病假。）

得知新岗位需要投入的时间后，我礼貌地拒绝了这份工作，去了另外一家处于不同阶段的公司，这样就可以和家人待在一起。

虽然创建公司需要付出和牺牲，但创始人也应该时刻把家人放在心上，要时常考虑怎么做对家人最好，不能为了公司的需要而把家人抛诸脑后。以牺牲家人的幸福为代价而建立的成功公司是失败的。如果你在事业上取得成功，但为此丢掉了伴侣和孩子，又有什么意义呢？

况且，没有家人的支持和理解，事业是不可能成功的。在创建公司之初，创始人要确保对伴侣零隐瞒，并且将他们的风险计算在内。创业之前一定要与自己的家人进行充分的交流，考虑清楚最可能牺牲什么。同时，创始人需要知道什么时候陪伴家人，而把工作暂时放在一边。

始终如一地与爱人沟通交流，是解决这一问题的关键所在。这并不是说你的另一半会永远理解你或是其间不会有争执。局面不会总是和谐的，但你应该经常告诉家人你现在在做什么，为什么这件事情很重要。还有一些特定情况，比如，IPO的路演，工作生活根本无法平衡，那么最好预先强调将要发生的事情。公司还应该尽量邀请家人来到公司，让他/她们觉得自己受欢迎。虽然此举不会减轻家人的负担，但能帮助他/她们更好地了解现状和原因。

在工作和家庭的需求间做选择会很艰难，但也可以做出正确的选择，维持平衡。有时选择会很痛苦。我女儿在小时候感染了大肠杆菌，病得非常厉害。她在重症监护室待了8周，我们甚至不确定她是否能挺过来。我妻子艾琳请了假，我的工作也变成了兼职。

在其他时间里，你需要拿出系统的方案，帮助你解决每一天的困难。财捷集团的首席执行官布拉德·史密斯曾经在韦伯投资公司峰会上做过一次演讲，很好地描述了这一时常遭遇的困境。他说，人生有两个重要时刻，一个是“橡胶球时刻”，另一个是“水晶球时刻”。在“橡胶球时刻”，如果橡胶球掉到地上，它会反弹回来，但是在“水晶球时刻”，一旦水晶球摔到地上，就会支离破碎，再也无法还原。他说道：“在生活中，关键是要分清你到底处在哪一种时刻。”

他举了自己生活中的例子。他有两个女儿，一个女儿是舞蹈演员，前一年有15场舞蹈表演，每一次她都希望爸爸在场，但他做不到。他说：“我知道如果我参加了一场舞蹈表演，那么下周我还需要参加另一场。她也许很难过，但不会一直难过。”布拉德把高中毕业比作“水晶球时刻”，因为这一刻一生只有一次，如果任由掉落，就会支离破碎。布拉德解释说：“我永远不会把工作置于‘水晶球时刻’之上，但如果是‘橡胶球时刻’，我有时就得放弃。我非常清楚是什么样的时刻。”

科技及其带来的不间断的相互连通，让日常生活中诸如此类的选择简单了很多，但也艰难了很多。如今，世界每天每分每秒都在相互连通，所以我们在晚饭后（有时晚饭期间）都会查收邮件，我们在孩子上学时间也在家中工作，再也没有上下班时间的区分。我们的工作和生活常常相互冲突，并会一直这样持续下去。

使一切都正常运行的最好方法就是要将生活的各个部分相互交织，完美地结合在一起，而不是简单地完全分开。如果你这样做了，并且真的在从事你热爱的事业，那么你不仅能平衡好两者的关系，还能取得更好、更神奇的效果。

主动走出防守模式
——当你为自己设置限制时

“我还要还房贷，所以不能冒险。”

“我还不能接受我梦寐以求的工作，因为我不得不搬家。”

“我下班之后不能工作了，要不然妻子会生气。”

我每天都会听到这些言论——这些自己设置的限制。

我们常常对可为之事持消极的态度，任由世俗说服自己，觉得自己做不到，而不会去思考怎么才能做到。

大部分情况下我们都错了。要记住，之前人们都认为世界是平的；骑马是人们赶路的最快方式；小时候，我满心相信自己活不过 47 岁，因为我的父亲在 47 岁时去世了。

错，错，错。

一旦给自己设置了根本不存在的限制，就给自己找到了止步不前的理由。但你现在所处的位置永远不如你能够达到的位置。设定了限制，也就决定了你不再有追求。所以，你必须冲破给自己设定的限制。

要怎么做呢？

先停下来想一想。查清限制的来源，找到自己不断强化限制的原因。我们经常会有自己深信不疑的信念。我父母刚结婚的时候，父亲想要成为房地产评估人，然而，这个工作需要专业训练和资质证书。父亲觉得结了婚并且有了孩子会让这件事情非常困难。我母亲帮助他看清了这个目标与家庭生活并不冲突。母亲问父亲："为什么给自己设定限制？我们可以的。"于是他们搬到了佛罗里达州的盖恩斯维尔。父亲在那里学习了一门课程，并且获取了资质证书。

认识到你的阻碍是你自己。这个世界有时会阻碍我们前进，但最大的障碍其实都是自己设置的。抱怨社会，抱怨政府，抱怨经济、健康，甚至抱怨家人都很容易，这些因素可能会挑战你，或者会削弱你。但是通常我们给自己设定的限制大于任何一种外力所能带来的限制。遇到障碍时不要抱怨其他人，要肩负起义务和责任，明白在追求和实现梦想的道路上，你应该肩负起责任。

做决定时要慎重。每做出一个选择都会有所付出，但是值不值得付出，你说了算。我决定在职业生涯中更进一步时，我意识到自己没有同行引以为傲的教育背景。为此我在一定程度上感到自卑。那个时候我已经是首席信息官，但我一度想要返回学校攻读MBA（工商管理硕士）。当时，我一个人供养4个孩子，所以这个决定对我的家庭影响巨大。我向一些朋友和顾问寻求建议，我学到了很多——不只在决策方面，而且在做人方面。我的朋友安迪·鲁德维克在事业上非常成功，并且有哈佛大学的MBA，他对我的指导令我茅塞顿开。他对我说："梅纳德，回学校对你来说是一个巨大的浪费，你已经处于事业的黄金时期。很多人回学校读书是为了学习你现在已经在做的事情，是为了获得你现在已有的关系网。所以，你回学校不值得。"听到这些我如释重负。一直以来，我都耻于说起自己的学历背景，害怕别人说三道四，也正因如此我才想回学校学习，我想要弥补我自认为缺失的东西。和安迪讨论过后，我明白了所有知识都在我的大脑中，我并不缺乏真正需要的知识，我的经历也很有价值。我曾经极为关注自己的教育背景，但现在看来我的经历对别人来说也是有启发意义的。这表明不管我们出身如何，都有机会取得成功。

尝试所有选择，了解其通往哪里。近 30 岁时候，我开始在职业生涯中有所成就。但我仍在探索不同的道路，想要看清楚每条道路通向哪里。我喜欢看到别人冲在前面，知道自己想要做一名管理者。我很迷恋人力资源、管理艺术和指导技巧，但技术同样吸引我。我的工作很稳定，虽然我喜欢和向往管理工作，但是技术行业中有大量的机会，我还是任由自己参与其中。其中有无数事情，都是人们不喜欢做的，比如，半夜被叫起来工作，或者周末加班。但我都愿意去做，因为我极力想证明自己，并且不会天真地以为所有任务都不在话下。我的第一份管理工作是我梦寐以求的，但其他人却不愿意干，因为这份工作一个月有两个周六要加班，并且需要负责发放薪水——并不是真正意义上的管理工作。做了一年之后，我开始管理专业IT（信息技术）员工。又过了一年，IBM将我提到中层管理岗位。我没有给自己设定限制，宣布自己“周末不加班”或是“我只想做有趣的工作”，而是让自己面对所有的选择，把它们看作开发自己潜能的途径。

如果成功有秘诀，那么我认为这个秘诀就是走出防守模式，进入探寻模式。每次听到自己说“我不行”的时候，我就问自己：“为什么？我不行的原因是什么？”通过反思，你就会认识到，很多你认为的阻碍根本就不存在，只不过是你的臆想而已。每个人都有无限的潜力。每一次迎难而上，潜力就会增长一分。期待你越走越远。

发掘自己所有的可能性
——当这个世界试图左右你的行为时

这种事情每天都在发生。这个世界不会任由你规划方向，而是插一脚进来，想要把你带上另一条道路。有时，你自己的完美计划已经成形，不太愿意出现这样的问题。然而这并不意味着你可以忽视它，你还是要解决挡在面前的问题。

在我职业生涯早期，我只是一名信息技术部门的主管，最后我终于进入行政管理层。但这世界并没有按照我的意愿规划我的未来轨道。有人提醒我：你并非毕业于常春藤名校，而是毕业于普通大学。收到的反馈表明，我只是一个好的“蓝领”管理者。管理工程师团队还行，但不适合进入董事会。

后来，我决定离开易贝。当我思考接下来做什么的时候，同样的事情又发生了。每个人似乎都很清楚我适合做什么。这个世界很快告诉我做什么合适，但没有一个让我感觉良好。数年后，事情发生了转折，我遇到米切尔·卡普尔，他让我认识到了自己创业的可能性，认识到我可以组建自己的团队，而不是加入别人的团队。这一洞见完全改变了我的世界观。我的整个职业生涯，也就是这个世界一直想要安排我做常规的工作，但我后来明白，我不必遵循别人对我的看法，我可以规划自己的职业生涯。

这些只是我所说的“这个世界正在迫使你顺从它”的例子。外界持续不断地评价我们，将我们分类。但是，他们的根据常常是表面的，可能重要，也可能无关紧要，重要的是你想给这个世界带来什么样的影响和为此付出多大的努力。作为创始人，你可能经常遇到类似的情景。当你遇到这种情况时，应该：

思考其来源。每天都有垃圾邮件和广告，还有不请自来的建议砸向我们。如果你不了解或是不相信其来源，那你就迅速屏蔽它们。

倾听并且仔细衡量。如果信任它们的出处，你应该倾听并且判断这些是否会动摇你的看法，使你有不同的举措。人无完人，我们要接纳外界的想法。

听过这些想法后，确定是否愿意改变自己。许多时候，我下定决心，不屈服于别人的想法，但这不总是正确的。有时候改变是合理的。

如果决定不改变，那么就全身心享受做你自己带来的愉悦和满足吧。追求自己的目标时，不要因为别人而感到愧疚。

最后，即使这个世界试图制服你，何去何从也完全取决于你。只有你明白自己的真正命运是什么，不要让别人的观点和猜想成为阻碍。

如何应对董事会的挑战
——当董事会逼得你发狂时

很遗憾，你与董事会产生了争执。这当然不是好事。你必须解决它，因为你的董事们是不会去主动解决的。下面我列出了一些方法，但是让我们先退一步想想整个事情是怎么发生的。

还记得什么时候创立的董事会吗？最初创立公司时，方方面面都有潜力，似乎到处都是优势。所以你决定放弃一些控制权，以此获得一些资金，整个局面也显得很和谐。如果有新的成员因为融资而加入董事会，那么刚开始看上去会很和谐，很激动人心，但这种情绪也会带来一定的期许，如对公司成长、市场机遇、领导能力等方面的期望。

现在，如果出现了问题，你就需要了解问题出现的原因。这里有一条线索：也许你没有达到成他们的期望。

像其他关系一样，创始人与董事会的关系也会因时而变。公司初创时董事会是一片和睦，随着公司成长，问题就出现了。公司首席执行官与董事会之间如何处理这些问题是关键所在。

顺利的话，你们度过了一个完美的季度，你兑现了当时承诺的事情，你和董事之间是和谐的。你可以让他们敞开心扉，他们也会鼓励你，促使你加快脚步。这些都是一个好的董事会应该做的。

通常情况下，公司或者首席执行官出现问题会比董事会早，这种情况总是发生在公司或首席执行官做得不好的时候。忽视这种情况是不正确的，不要认为董事会只是暂时让人头痛。他们不会置之不理，介入问题、恢复增长是他们的应尽职责。所以，关键是要找到董事会不悦的根源所在。要考虑以下几个方面：

这种行为是新出现的还是已经持续了一段时间？是不是董事会会议过去进行得挺顺利，但是现在你怕见他们了呢？是时候问问自己：究竟什么变了？可能跟你最后一次发货有关，可能因为你没有找到一个销售负责人，也可能是客户接受度与预期有出入。所有问题导致的结果是一样的：他们对你的信任发生了变化。

董事会应该了解正在发生的情况，应该也知道你采取了哪些补救措施。为自己找理由对你没有帮助。问题并不都是坏事情，只要你能够快速解决。将心比心，站在他们的角度，你都看到了什么？

有执行的问题吗？说过招聘人才但是没有做到，说过会赢得客户但是没有做到，说过会发布产品但是没有发布。一旦有以上任何一种执行问题，董事会都会指望你赶紧解决。

有期望的问题吗？你说过在9个月之后成为市场领头羊，但是你没有做到。期望没那么致命，过段时间可以和董事会一起解决这个问题。

现在是时候仔细审视一下你处理问题的方法，以及你的回应是如何影响信誉的。自我评估时要问的问题包括：

- 如果今天做决定，投资人会选我吗？为什么会，或者为什么不会？
- 如果我们需要资金，他们还会帮我们吗？为什么会，或者为什么不会？

- 我是不是表现差劲，易于受到批评和反对？我是否有软肋？
- 如何才能向董事会证明我已经找到问题，并且正在努力解决？

还应该考虑清楚到底是整个董事会还是其中一位董事表现异常。如果只是其中一位：你知道这个人为什么行为异常吗？有时是因为其他事情，与你的公司没有关系。他的公司或资金怎么样？投资的事情怎么样？还有其他原因吗？

积极解决问题。也许你还没有掌控问题，但仍需解决它们。找那位董事私下里一起讨论一下。与他分享你正在经历的事情，询问他的情况，努力了解他是怎么想的。

你还可以试着与另一位信任的董事讨论这一问题，请他代表你出面解决。

用不同于管理客户和员工的方法来管理董事会。你的董事会成员有着独一无二的能力。试想一下，一个客户弃你而去，你还有其他客户；一位员工辞职，你还可以寻找下一个员工。但是董事会成员呢？你要向他们负责，如果出现问题，他们可以解雇你。

有太多的时候，首席执行官不知道董事会的动态，所以对管理董事会毫无头绪。要记住以下几点：

- 要弄清楚董事会究竟是什么，如何发挥其作用。
- 谨记每一天你都在赢得或是失去董事会的信任。不要因为当时赢得了很多信任，就认为你不会一下子失去这些信任。有一次，我目睹了一个上市公司的首席执行官在一周之内失去所有董事的支持。
- 能够预见董事会对某一问题的看法以及原因。

应对董事会的挑战很复杂。以下是 5 个你应该采取的正确措施：

不要对董事会遮遮掩掩。有些创始人担心在董事会面前开诚布公会让自己看起来很弱小。事实并非如此。要告诉他们真实情况，这样可以赢得董事会的信任，从而实现公司的目标。当然，我不是建议每次有问题让你寝食难安时都要告诉董事会，你要评估一下值不值得告诉他们。我会给你几个提示：如果存在严重的运行中断或是收入有巨大亏损，那么应立即告知董事会。这与维护关系有一点相似。如果我回家晚，没有打电话就会有麻烦；如果打了电话，我会听到礼貌性的称赞（大多数情况下）。但是该打电话的时候一定不要忘记。

让董事会运转起来。你的董事会与公司的关系最为密切。他们了解你的抱负，知道你的问题，并且希望你成功。不要揽下所有的工作，只是让他们对你做出评价，要让他们帮助你。让他们参与其中，帮助解决问题，基本上每一位董事会成员都愿意帮忙。

- 告诉他们目前的问题，以及你考虑的各项选择。询问他们：如果他们是你会怎样做？
- 请他们对你的战略提出建议，并且帮助你打开局面。

要对话，不要对抗。不要把局面变成相互对抗。在决策上不要逼他们，而是鼓励他们自愿提供帮助。给他们一种参与感。不要说："我已经做好了决定，我需要你们的支持。"而是要试着分成两步，给他们机会来衡量并且给出建议。比如"我正在考虑……"，然后"你们觉得怎么样？"这种方法才能让他们和你一起努力。

知道何时收放。不是每个决策都要给予同等的重视，你必须知道什么时候值得让步。如果问题等级是10级，那么你自己最了解需要做什么。但如果问题是2级，就让董事会决定。无关紧要的小问题往往会毁掉信任，不要让这样的事情发生。在小问题上妥协能帮你重拾信任，在大问题上获得支持。（请读下一节“你不可能让每个人都服从你的想法——当你需要争战时”）。

快速判断董事会是否在未来与你步调一致。每次董事会会议之前，要与每一位成员核对日程主题，询问他们是否还有补充。提前了解主要问题很关键。我们知道总有人会口若悬河，大谈特谈自认为重要的问题，他们会毁了整个会议。要避免这种情况。要给他们相应的机会来表明其观点和原因。

- 弄清楚每一个人的状况。他们今天和刚投资的时候一样满怀激情吗？这一点你应该知道。
- 他们对你的信任增长了还是缩减了？为什么？
- 对造成问题的原因，以及应采取的措施，你们是否意见一致？

你和董事会的关系是长期合作的伙伴关系。这一点在很多方面与婚姻类似。为了顺利走下去，你们需要彼此坦诚、互相信任，需要多沟通而不是随意猜测，还要适时妥协。

另外，要记住你和董事会成员处在不同的位置。他们的职责就是告诉你应该做什么，他们并不需要承担后果。给出建议很简单，但执行很难。

两种角色我都扮演过，所以我可以告诉你，一旦成为董事会成员，我的智商就会提高10个点，因为我不需要处理我所说的实际情况。但是现在你需要。放手去干吧！祝你好运，取得成功！

你不可能让每个人都服从你的想法
——当你需要争战时

如果你和其他大多数创始人一样，可能会对公司的愿景、产品、战略和文化有一个清晰的认识。每一条战线、每一天都潜伏着新的冲突。如果你已经有了应对之道，难道你不应该努力让反对声音都服从你的想法吗？

在实践中也许有些困难，每一场争战都全力以赴并不是明智的战略。有人说，你赢得了每一场战斗，却输掉了整个战争。这句话是有道理的。在整个职业生涯中，我学到了一点，即面对不同意见，我不能每次都与他们争论辩解，因为这会让自己精疲力竭，更糟糕的是，会失去人们对你的信任。一定要牢记：每天你都在一点点地积累或是失去信誉。你必须分清，什么样的决定值得坚持，什么样的不值得。我在董事会每天都这么做，因为董事会中存在很多问题，但只有很少的时候我才会强行决策，许多时候我都会放手，这样才能在我认为影响公司发展前景的重大问题上拥有话语权。

这并不是说你不应该为自己想要的结果去据理力争，只是说你要学会判断哪些值得你去争取。最近，韦伯投资公司的一个组合公司的首席执行官试图将一名董事赶出董事会。就这个问题他一直在和他的第三名董事会成员争辩。是什么问题呢？他们正打算卖掉公司！到底什么才是最重要的呢？

如果我是那位首席执行官，我不会过多关注董事会中的一些失职行为，而是关注公司交易的价格。因为赶走我不喜欢的人可能会破坏我真正想要的结果。（更不用说，赶走董事会成员可能会产生适得其反的后果，即把自己整出局，甚至产生更坏的结果。）错误的争战会破坏公司的运营，使你无法实现真正的目标。

你怎么知道什么值得一战，什么不值得一战呢？我阅读了著名管理学家史蒂芬·柯维的著作，其中描述了"影响范围"和"关注范围"的区别。我们为每天听到的各种危机头疼不已，比如基础设施过时、新的传染病以及住房紧张等。这些真的很麻烦。但即便你不是官员或者你无权在这些城市投票，这些问题也都值得关注：我们可以捐款或是担当志愿者。但这些都不是我们能发挥影响力的地方。

如果想要做出改变，最好关注那些在你影响范围之内的事情。所以，如果你关注的是国内的不平等现象，而非想做国家层面上的事情，在你的公司进行变革吧。只有在公司才能发挥你的影响力和能力，做出一番成就。

还有一点需要注意的是，训练团队做重大决策并且明白其后果是非常重要的。这些训练可以减少争议。在易贝工作的时候，我们去科罗拉多州的特莱瑞德镇参加一年一度的战略和预算计划会议。我和梅格·惠特曼相继向我们的高管陈述战略选择。之后我们要求他们就像董事会成员那样投票给他们支持的战略举措。

对他们来说，这是授权给他们，也是帮助他们开阔视野。虽然只有管理层和董事会才有投票并通过计划和战略的权力，但我们发现，拓宽管理层的意见汇入渠道，不仅对他们来说是一种奖赏，对于我们也是有益的。到执行这些策略时，他们已经投入很长一段时间了。

那么，你怎么辨别一件事情是在关注范围内还是影响范围内呢？问自己以下两个问题：

- 这在我的范围之内吗？是不是我的责任？是我必须要做的吗？这是一个让别人带头和学习的机会吗？
- 这个决定有多重要？这是风险很大的公司决策吗？或者这只是一个试验？如果不起作用，它是否会带来不适，甚至灾难？

你需要时时刻刻权衡这是否是一个关乎公司存亡的决定。如果不是，那就要知道还有成千上万的决定等着你去做。最好的决定就是判断什么时候自己做，什么时候放手交给别人做。

以新手思维看待问题

——当你想要责怪他人时

我非常清楚因事情没有办好而生气的感觉。如果你信任的人让你失望，你甚至会觉得有权力对他们发火。也许你认为当众指责那些让你和公司失望的人很合理。

我明白，他们没有把事情做好，甚至做得很糟糕，给你带来了很多麻烦，你自然想责怪他们。但是，你不能一出现问题就责怪他们，或是受情绪的支配而行动。这听起来像是件小事情，但实际上这件事情会使管理者和领导者脱离正轨。

这个教训我在很多年前就碰到了。18 岁的时候，我加入了美国军团棒球队。我们的队伍非常好，有冠军的资质。我非常喜欢教练，他很有趣，几乎一直在鼓励我们。然而，有一次他讲的话让我永生难忘。当时我们输掉了州际赛的前两场决赛，被淘汰了。他说："你们可真是烂泥扶不上墙。"本来这个赛季我们表现得很好，也可能会取得成功，但他的咆哮显然没有起到激励作用，这个赛季最终以失败告终。这个事情教会我，虽然失败令人不爽，但可以败得有风度些，这样我们才能从中获得鼓励。教练没有鼓励我们，也没有寄予我们希望，而是狠狠地羞辱和责怪了我们。

现在，作为一名高管和董事会成员，见过很多管理者把下属推出去当替罪羊。事后发现，几乎每次都不是团队的错误，而是主管自己的错误。一个主管应该是一名优秀的管理者，知道反思的重要性，承担起自己的责任，把焦点放在学习上。我关注那些一上来就责怪别人的主管，想要教他们纠正这个习惯。

如果不能以新手的思维看待问题，那么你在整个团队面前永远树立不起威信。遇到问题不要立刻跳出来指责别人，而是要像第一次看到它时那样看待每一个问题。要问问自己：

- 为什么会发生这样的问题？
- 我们错过了什么？
- 我怎么做才能尽早发现问题并且尽快纠正？
- 下次还会发生同样的问题吗？

在你的团队中建立开放和学习的文化。让员工做到严于律己，宽以待人。当你建立起一种透明、友爱的团队文化时，就很容易做到这一点。在这种文化中，人人都能把错误当成经验教训来学习，都能诚实地讲出自己的感受。

如果事情进展不顺利，深入调查其原因，把重点放在学习上，而不是责备上。比如，系统崩溃，调查原因时，你会查找程序和执行中间的漏洞，并进行补救，避免之后再犯，还是立刻把出错的人开除？（正如我之前所说，如果员工或者领导者不善于学习或者执行能力不强，你一定要换人。让他们去别的地方保持平庸吧。也有可能他们在不同的环境会大放异彩。）

你营造的环境应该鼓励学习，践行宽容，激发灵感。有一句话说得好：“你指责别人一次，别人会反过来指责你十次。”有时候即便不是你的过失，你也最好多承担一点。我在易贝任职几年后，有一回系统运行中断。梅格·惠特曼在之前的一次危机（由于同样的问题）中，已经解雇了几名主管。然而这次她正在另一个项目团队中，我们已经取得了很大的进步，她很信任我们。我们很清楚，她也很清楚，我们必须解决这次危机。她与我们并肩作战，并且说她为我们的进步感到骄傲。我们没有受到责备，也不担心失去工作，我们受到鼓舞，一心想要解决问题，不让梅格和我们的客户失望。

如果人们坐立不安，就不能做好工作。生活在恐惧中，人们不会去抓住机会，力争做得更好。所以，不要想着报复，不要把犯错的人扔出去顶罪，而是要将失误化为动力，努力避免下次再发生同样的情况，鼓励每个人力争更好。

灰色地带的基本原则
——当有人想要你保守秘密时

如果有人想要你保守秘密，你肯定想答应，但这个问题绝不是非黑即白。大多数时候，这个问题处于不同程度的灰色地带。

可能有人告诉你，你的一个重要员工要离开（你不能斥责告诉你这个消息的人，而是要马上想办法和那个员工确认一下）；或者有人告诉你有员工将要离婚（表达你的关心，询问他们需不需要你的帮助，比如，给他们更大的灵活度以方便接送孩子）。如果有人向你坦白他们做了违法的事情或者不符合职业道德的事情，甚至不道德的事情，怎么办？（要谢谢他们这么坦诚，但一定要表明你仍要采取行动。）

我自己也遇到过一些麻烦事。前不久，我非常尊重的一个人想要我帮他做推荐人，我必须保守这个大秘密。听起来简单，但这件事复杂得难以想象，因为涉及一份很重要的工作。还有一次，我当时是董事会成员，一个业务经理找我，向我抱怨首席执行官。因为他还没有和首席执行官谈过，我就把他打发回去找首席执行官谈话去了。

经常有这样的事情发生。每个人都是独特的，都需要外界的评价。你需要考虑以下基本原则，这有助于你在汹涌的波涛中顺利航行：

要明白答应了就得做到，这样才能赢得信任。你会时不时地成为某个秘密的“知情人”。一般情况下，别人要求你保守秘密，你应该信守承诺。前面提到的推荐一事，我就是这样做的。我在雅虎公司工作期间，有各种各样的信息被泄露，常常源于公司外部。经常有记者找到我查证传闻，并且告诉我：我的言论不会被记录。我从来不接受这样的采访。我需要负责的是雅虎公司和它的各位股东，我也从未想过违反董事会有关公司外部交流的政策。

保守秘密不像拉钩承诺那么简单。我会向前来向我坦白一些事情的人说明白，我也有责任，这意味着我可能要采取行动。比如，如果有人告诉我贿赂、性骚扰等一些违法行为，那我有义务采取行动。我会尽最大努力尊重他们的隐私，但法律和道德要求我做的，我必须去做。

关于如何保守秘密，一定要坦率告知，然后履行诺言。花很长时间建立起来的信任，可能会在一瞬间崩塌。一定要做到正直，但也要履行自己的义务。做到这些对你大有裨益。

以实现目标为目的
——当你需要拖延时间时

许多体育比赛都以时间为准，比如足球和篮球。一方队伍领先，并且比赛马上就要结束时，他们就会尽全力拖延，让球远离对方。这种方法就是拖延战术。而对另一方来说，马上到时间了，自己还处于落后地位，那么就需要狂追了。

在商业环境中，类似情况也时常发生。你经常会发现自己在拖延时间：

交易或者谈判时。要取得好的结果，都要经过多方投标或谈判。一般只有一个投标者中标，但买方有义务让多家投标人开心和具有参与感。出售雅虎公司时，有 9 位重要的竞标人，所有人都在等着看自己有可能中标的信号或迹象，或者是没有进入重点考虑行列的信号或迹象。最后留下了 5 家竞标方，我们做了很多工作确保能让他们感到自己参与其中。

招聘时。招聘时也许你已经有了中意的求职者，但是千万不要冷落其他求职者，以防意外发生。

有人辞职时。提出辞职的人在公司往往会成为“闲散人员”，而我更希望他们在最后的任职期内能够全身心投入工作。如果这样的话，就意味着我必须保持专业和礼貌，把可能会失望的事实抛到脑后，这只是付出了小小的代价。我从菲吉国际辞职的时候，人力资源总监很生气，他明确地告诉我不得参加每天午餐后的篮球比赛。我觉得自己受到了歧视，心里非常不舒服。然而事实表明这只是暂时的驱逐。几天之后他过来找我，说欢迎我回到篮球比赛中，态度还算友好。我经常受到这种不公正的待遇！

如果你想拖延时间，一定会把时间花在那些不可能有结果的事情上（比如第三家竞标者或者欲招聘的第二候选人等），但仍需要努力达到最好的结果。与其因为以这种方式花费时间而懊恼，还不如在心里提醒自己：这都是为了实现最终的目标。

所有这些都有助于你成为拖延时间的高手！

第六章　超越竞争

坚定不移达成目标

迅速行动，建立同盟

——当竞争对手进入你所在的领域时

你创办公司时，对现有的竞争很熟悉，并且知道如何取胜。然而有时，其他行业的大公司突然决定进入你所在的行业，与你竞争，这可能是一个特别令人厌恶的意外，这个消息会使公司内外议论纷纷，而且你不清楚如何回应，甚至是否要回应。

我们发起 Hipmunk 航班搜索后不到 6 个月，谷歌花 7 亿美元收购了一家旅游公司，并且开始构建与我们直接竞争的产品。这一消息来得太突然了，引起了投资者、员工甚至联合创始人和我之间的怀疑。

你可能会感到绝望，很想放弃公司，但要小心，不要反应过度。公告和实际存在的威胁不一样，当一家大公司冲入一个不太熟悉的行业，其产品很少能立刻引人注目。

假如你决定继续与公司向前迈进，以下几点要记住：

要接受筹资难度会在一段时间内增加的境况。这里有一个小贴士：当每个投资者问你是否担心新的竞争对手时，你可以肯定的一点是，他们都担心新的竞争对手。

更重要的是，每个投资者都担心其他投资者会担心。这很重要。当投资者的不良情绪影响到一个行业时，即使是有前途的公司也存在筹资问题，因为投资者不想资助一家未来不会得到投资的公司。这样，投资者的担忧可能就会成为现实。

没有别的出路：这对你来说是个坏消息。不要假装没有发生任何改变，要认识到你需要变革自己的方法。

如果你不需要筹集资金，可以考虑等待一段时间。当新闻第一次出现时，每个人都会设想最坏的情况，但是当世界看到你的竞争对手努力不足时，你会发现投资者的情绪会转变，形势开始变得对你有利。如果你确实需要筹集资金，请考虑降低金额和预期估值。

还要考虑与你所在行业的老牌公司沟通，这些公司本身可能会感受到新进入者的威胁。它们可能愿意给你投资，以做准备。

另外，请阅读"'反应过度'好过'反应不足'——当你遇到危机时"这一节的内容！

敌人的敌人可能是你的朋友。谷歌进入旅游业的有趣之处在于，它让业内所有人都非常恐惧，因为谷歌以一种业内以前从未有过的方式进行合作。

除了给初创公司投资以做准备外，像Priceline（旅游服务网站）和亿客行（Expedia，全球最大的在线旅游公司）这样的老牌公司，还和它们认为能助其与谷歌抗衡的公司合作。对于那些初创公司来说，由于先进的技术和不错的运气，谷歌的进入让它们因祸得福。

寻找行业内受新进入者影响最大的公司，与其定期对话。因为，你永远不知道会发生什么。

为投资者和员工设定适当的基调。当大公司进入一个新的领域时，有时会失败，但通常不会马上失败。无论好坏，你都会看到这家公司在一段时间内持续占据了行业头条。

重要的是从一开始就对新进入者持尊重和好奇的态度。不要急于解雇员工或嘲笑对方，也不要痴迷和绝望。

不要等待投资者和员工询问这一切意味着什么，要主动与他们交谈，开始告诉他们实话。你要把这种竞争看作一种标志，一种你所在的市场可以获得很大机遇的标志。要承认，这可能意味着新的挑战，但是你要拿出过去在挑战中获胜的姿态，表现出你可以成功的乐观态度。确保每个人都觉得你了解正在发生的事情，没有受到过度干扰，并为此感到心安。

随着时间的推移，你可以从竞争对手的方法中学到东西。使用它们的产品，并与客户谈论他们喜欢这些产品的哪些方面；鼓励员工也这样做。请记住，竞争对手的很多策略你还不了解，为了你的信誉考虑，不要假装一切都弄清楚了。

最后，依据新进入公司的威胁程度，你甚至可以利用它们来激发你团队的斗志。你可以像大卫对战歌利亚那样，慢慢击败它们。

准备迎接更多的挑战。当一家大公司有大动作时，其他大公司往往会跟风。振作起来，迎接更多诸如此类的“惊喜”。

制订规划时，考虑在其他公司进入你所在领域前与之联系。你可能会发现他们对合作或投资感兴趣。

但同时请记住，科技行业的竞争不会永远都是那么激烈。公司迟早会倒闭，或者与其他公司合并，扩大规模。同样，你所面临的筹资困境别人也会遇到，留意一下你可以低价买进的好公司。

最后，听起来可能有些奇怪：要和新的竞争对手交朋友。他们进入你所在的行业是因为他们感兴趣。也许他们的首个产品会失败，但是他们仍然会对整个行业感兴趣，而你将会实现跨越式发展。也许他们的首个产品会成功，但你服务于一个稍有不同的细分市场，他们会意识到他们想要你的专业技术。

你处在一场战斗中，其激烈程度甚至比以往更甚。迅速行动，建立同盟，充分利用你的机会吧。

时刻保持竞争意识

——当你需要高度关注自己的业务时

你在担心竞争吗？

如果你刚刚开始创业，不要担心！因为你太过担心拿什么来竞争的话，永远不会创造出新的东西。如果没有创新，我们将仍然通过旅行社而不是线上购买机票；我们将仍然乘坐出租车，而不是使用优步或来福车这样的软件打车；我们将没有现在的脸书，而只有失败的聚友网（Myspace）。无论你是与另一家公司还是与现状竞争，竞争就是推陈出新，让世界变得更美好。

如果你正在经营一家传统公司，那么你应该有竞争意识，并为竞争做好准备（竞争是无情的，各家公司为了夺取市场份额，会做出疯狂的事情），但这不是大多数初创公司创始人必须高度关注的事情。过度强调竞争会使我们忽视了目标。当一个人总是左顾右盼，不停地查看谁可能会从后面赶上来时，很难跑上楼梯。重要的是要坚持自己的愿景或战略，而不是试图跟上别人的步伐。记住，只有你才能给自己定位，确立目标。

我正式加入易贝的那一周，它仍然是一家（奋力生存的）新公司，微软和戴尔推出了在线拍卖网站，名为FairMarket。公司的每个人都非常担心，我们想知道：这会是易贝的终结吗？

当然，我们现在知道这个故事的结局：只是名气大，并不意味着会赢得一场大胜利。FairMarket从未构成真正的威胁，几年后易贝便收购了它。如果我们陷入与它们竞争的恐惧中，就会忘记我们要做的事情，会因它们的影响而改变我们的策略，在它们还没有占领市场的情况下强调了它们的存在。专注于我们想要的事情才会更有力量。

我们建立了一个真正的全球市场，在这里，消费者找到了他们想要的东西，企业家（卖家）为他们的产品找到了新的市场。FairMarket旨在成为大型公司交易产品的平台，而我们当时是一个普通大众的购物平台。我们决定专注于这种方法并想法使它变得更好。

我们优先考虑的最重要的事情包括：可扩展性（由于公司的壮大，我们遇到了重大的服务问题）、信任（我们必须保证消费者的交易更安全）、摩擦（大多数支付是通过支票或汇票，与竞争对手贝宝公司截然相反）以及用户体验。我们也将业务范围扩大到了多个国家，无论是通过新发布（如英国）或者收购（如德国）。因此，在关注竞争情况的同时，我们把大部分时间用来使成功的服务更便捷、更安全、更易用、更全球化。

这一经历表明，了解周边正在发生的事情很重要，但不要让它禁锢你。要密切关注市场和客户，倾听他们的声音，更重要的是，你要能够预测其动向。

但是你必须更加专注于你想要达到的目标，并且不断努力做得更好。（成功的道路在于设定远大但可实现的目标，并监控结果。）你最重要的竞争对手是自己。如果你不打造相关的产品或服务，你的竞争对手做什么真的不重要。

我总是从体育竞赛中寻找灵感。迈克尔 · 乔丹说："每天都有竞争，因为你为自己设定了这么高的标准，所以必须每天努力，才能实现目标。"这种态度使他成为有史以来最伟大的篮球运动员之一，这也是任何一位成功人士的秘密所在。

负面评价不是退缩的理由

——当你受到公众批评时

“没有所谓的负面新闻”，这句话经常被引用和讨论。有些人认为任何宣传都是好的宣传，而有些人则持反对意见，声称这是错误的，认为这相当于给一些不合规矩的行为开了绿灯。（以上内容是在娱乐网络E！上看到的。）

虽然我努力保持低调，只听取积极的意见，但我最终意识到，别人给我提的意见，无论好坏都值得庆幸。这些意见是有关你的所作所为的宝贵信息，更重要的是，这些意见告诉你如何做得更好。即使是让人感到不舒服的负面信息，也可能是一个不可多得的提升机会。

那么当面对负面的评论时，你会怎么做？首先，恭喜你，因为这证明人们关心你做的事情，也说明你有吸引力。不关心你的人不会谈论你、你的产品或服务。

但是没有时间为此庆贺，你必须立即采取行动，改变目前的状况。

首先，你必须评估一下影响。是听之任之，还是必须解决？在雅虎任职的早期，我们遇到了一个关于首席执行官的问题。有些人认为这个问题会很快被淡忘，当然没有。如果这是一个大问题，去解决它；如果这是一个应该被忽略的问题，请忽略它。当美国联合航空公司的工作人员将一名乘客拖下飞机，世界愤怒了。而首席执行官最初的回应，却是为该航空公司的行为辩护，这样的回应使愤怒的火焰更盛。

如果客户以书面的形式，或在网络、社交媒体、外部网站或你公司的网站上讨论这一问题，你必须明白他们认为自己的意见很重要，你应该倾听。

了解了事情的具体情况以后，你必须介入，并立即做出回应。这是解决问题的最好方法。对这一问题要做到开放透明，不要试图掩盖，也不要认为它会消失。问题就像臭奶酪，时间越久越臭，及时回应才是好的解决方法。

要特别注意以下几点：

- 不要辩解。这样做只能给人留下坏印象，而且无济于事。
- 承认现存的问题，做出适宜的道歉，并让人们知道你该怎么纠正。
- 确保批评你的人觉得你倾听了他们的看法。你可能不同意，但没关系。只有在他们认为你听了他们的意见后，你才可以提出自己的看法。

我看到了易贝在艰难时期实施这个计划的价值，当时我们宕机了22个小时。梅格·惠特曼让整个公司的人打电话向客户道歉，她承诺网站的承载问题一解决，就给客户一个免费陈列日。赛富时在苦苦应对服务中断的问题时，参考了易贝的做法。该公司创建了一个信任站点，在这里任何人都可以看到服务的状态。这种透明的方法增进了客户的信任。（当然，事情真的变好了，抱怨也就少了。）

没有哪家公司没受到过批评，但应对方法不同，结果也大不相同。几年前，当Zendesk公司（一家基于互联网的软件即服务提供商）的客户抱怨定价变化时，该公司将现有客户调回到旧定价，然后公开道歉。这对客户来说很有意义。一个客户对Zendesk的邮件做了回复："你知道，这就是我们首先选择Zendesk公司的原因……这是一个听取用户意见的公司。说来也奇怪，这件事情之后，我更喜欢与这家公司合作了。"

当批评你最厉害的是客户时，请记住：大多数时候，他们实际上并不想花时间批评你。愤怒的用户是热爱你公司的用户，觉得在一定程度上公司背叛了他们。缓解他们的焦虑，你会重获他们的忠诚。当你遇到问题和挑战时，让他们感觉自己是一分子，他们不仅会放你一马，甚至可能帮助你解决问题。

有一个案例不是科技界的，而是我一直很喜欢的多米诺比萨的故事。几年前，多米诺比萨在定价和速度方面享有很高的声誉，但质量很差。该公司没有忽视客户的反馈，决定在2010年解决比萨的质量问题。在一个网站上，首席执行官帕特里克·多伊尔说："是时候做出变革了。"一位高管看了客户的反馈，其中包括："这是我吃过的最糟糕的比萨。"多伊尔承诺要学习并"变得更好"。公司建立了pizzaturnaround.com网站，访客可以在网站上发布他们的看法，多米诺公司会去了解这些看法，并做出回应。公司采取了一项很可能使比萨供需链断裂的行动——公司包下了纽约时代广场一个巨型数字广告牌，并邀请通过公司官方软件（Domino's Pizza Tracker）线上订购比萨的顾客将反馈放在大屏幕上播放。欢迎任何反馈，即使是严厉的批评也可以。他们的行动带来的结果是：更好的比萨，更好的生意。其国内销量快速增长，股价也大幅上涨。

虽然负面新闻可能会带来难以应对的挑战（有时还会产生长期严重

的负面影响），但是直面挑战的公司往往会变得更好。它们发现自己拥有热情的客户，这些客户非常关心它们的业务和产品。通过倾听和回应，这些公司赢得了客户的忠诚和持续的发展。

想要拥有良好的宣传者吗？那就始终如一地提供人们喜爱的优质产品。如果你做错了什么，就去改正。负面评价不是退缩的理由，而是为你提供了一个向客户展示的绝佳机会：承诺尽一切努力让他们满意。

法律问题也是业务问题
——当你需要解决公司的法律诉讼问题时

公司被人起诉，应该如何应对？不要惊慌：诉讼不会要人命，它就像扎在手上的刺，拔掉即可。

现在，深呼吸，平息你的怒火，保持冷静，继续前行（正如英国人喜欢说的那样）。接到诉讼就相当于被授予“红色英雄勋章”，它以一种奇异的方式告诉你：“你成功了。”许多企业都有此遭遇。

最重要的是：将这一威胁视为首席执行官要解决的一个业务问题。它主要是业务问题，其次才是“法律”问题。不要让你的人担心，更确切地说，尽快让他们忘掉这一诉讼（成为诉讼被告没有什么好处）。

因此，作为首席执行官，在考虑如何应诉时，你的首要问题应该是：在应诉时我希望公司达到什么样的商业目标？回答这一问题，不能掺杂任何情感。还要注意：就性质而言，诉讼会减少和瓦解你对运营计划中设定的业务目标的关注。诉讼很危险，既耗费精力，又无产出，还需要密切关注。

进展如何完全取决于你如何处理这一案件：“攻击”，或“证明他们错了”，或“宁花数百万美元辩护费，也不出一分钱修复关系”。解决诉讼时，你要清楚自己的商业目标是什么。要冷静，并设法“摆脱”它，并且不要把它作为最后的较量。初创企业，银行里只有几百万美元的现金，根本承担不起多年的诉讼，因此它们处理这些诉讼的策略是完全不同于《财富》500 强这样的大企业。那些大企业的法律部门每年会拿出几百万美元作为诉讼预算。大部分《财富》500 强企业把它们的诉讼预算视为“钝刃武器”，它们根本不用考虑案件的结果就会提起诉讼或应诉。诉讼的目的是破坏竞争，它们有专用基金（你没有专用基金来付律师费）。

要明白法院、法官和律师的世界是一个“阴阳魔界”，它不属于商业区域，因此，常规的、理性的商业规则不适用。不要相信电视节目上描绘的法律程序，那完全是幻想。作为首席执行官，你有责任保存现金和增加股值，你不能仅仅依据逻辑或商业判断就采取行动。这是独特的法律界，它的风格可以回溯到很久以前。（2 000 年前，皇帝尼禄的宫廷诗人马夏尔抱怨，“乏味的法律案件着实令人痛苦”，莎士比亚在《哈姆雷特》那著名的独白中对法律的拖沓也深表痛恨。）不要用“常识”指导你前进，相反，你必须雇用最优秀、最有经验、最聪明的律师（不必是业界最好的律师或律师事务所，也不必是费用最高的）解决这一商业问题。

在雇用“合适的”律师之前（不是雇用律师事务所，尽可能雇一个你信任的、经验丰富的合作伙伴，他们会关心你的业务而不是他的账单），重要的是要知道，不管什么时候遇到诉讼，都有两个问题需要解决：

- 对方律师将竭尽全力歪曲事实和法律，颠倒黑白，同时拖慢你的周期，向雇主最大限度地收取费用，最后赢了你，尽管真相恰恰相反。

- 从业务模式的本质来讲，你自己的律师能够快速解决问题的时候，也不想快速解决，而是希望从你公司中赚取尽可能多的钱。他们会握着你的手说：“我们正在尽一切所能！”（这就是诉讼律师所做的事。）他们或许会使公司一蹶不振，还一直让你认为他们是你的救世主，让你信服他们不只能够解决问题，还会获胜。

因此，在你信任的公司聘请律师至关重要，他们会将你的业务目标置于其收益之上，并且律师和律师事务所都重视与你公司的长期合作关系，其程度远甚于案件的解决。

同样重要的是，你和律师事务所都必须了解你所在的法庭，必须了解对手的律师事务所，必须非常了解法官（我们更希望与他们一起打高尔夫球）。

知道你面对的是什么：美国的法院系统。我经常告诉创始人：无论你拥有什么优势或有利的证据，打官司都很危险。我宁愿在拉斯维加斯赌场掷色子，赌上公司的资产和未来资产（我知道赔率是多少），也不愿在法庭上面对法官和陪审团，以及聪明的对方律师，即使我确信我是对的并且“应该”能赢。不要相信法院是真理的源泉——它们受到人类脆弱和不确定性的影响，受到随着“怎么会发生这样的事情”情绪而来的遗憾和悲伤的眼泪的影响。

因此，初创公司几乎从来不打官司，因为成本太高（一个成立不久的公司一年的诉讼费用可能高达200万~400万美元），风险往往也太大，而且结果会适得其反。官司会将你所有团队中的非生产周期都占用，甚至你的客户（更不用说你的现金了）。诉讼就像是象棋游戏，而不是棋盘。它们行动缓慢，你必须预先想好接下来的10步怎么走，以及对手的对策。我告诉创始人，诉讼是国王的运动。当然，苹果和三星可以负担多年的专利大战（据报道，苹果公司的律师事务所账单超过6 000万美元），但是创业公司即使100万美元的诉讼费用也无力支付。所以，初创企业的诉讼（别人对你提出的，不是你提出的）要尽快无损失地摆脱。就像粘到鞋上的狗屎，要赶快弄掉。

因此，你应该立即评估：

- 对方（原告）公司及其律师提起诉讼的商业目标是什么？
- 你所抵制和应对诉讼的商业目标是什么？
- 达成决议的最佳方式是什么（无论是和解还是上法庭）？

在制定回应和管理的初始战略时，要记住以下几点：

- 在员工、投资者和客户面前（如果需要），立即化解公开的诉讼；积极进行诉讼公关；除了法律威胁外，不要让它成为公关问题，也不要成为员工或公司客户关系问题。你的目标应该是尽快让它从公众视野中消失。诉讼为公众所知，本质上要主动回应，但要记住，你的目标应该是让它随着时间的推移在公众面前消失，不要陷入公关大战。
- 迅速聘请你信任的律师，并告诉他们所有的事情，这是律师与客户应有的特权——你的律师必须了解所有事实、秘密和背后的问题，最重要的是不断提醒你的律师解决诉讼的商业目标。
- 在接下来的90天内，迅速与律师事务所制订出行动计划——评估反诉的希望，小心谨慎一些，也许公司可以向对手提出诉讼，予以反击，让他们回过头来重新思考，“起诉这些家伙是个好主意吗？”你不想只处于守势，但你不应该进行毫无益处的反诉，那样只会损害你的信誉，火上浇油。

- 让你的律师事务所考虑积极的柔道战略战术解决问题。寻求双赢的解决办法，让对手和你看起来都“赢了”。并且就自己的“发现”迅速采取行动。有了“发现”之后，你就能在法庭上做证，证明对方高管制造伪证（通过询问和其他早期搜寻的证据，掌握了足够的事实证据之后）。当对方的高管发现自己的所作所为在你的律师那里有翔实的证据时，他们对诉讼的兴趣通常会瞬间消失。许多律师事务所将这一步留待一两年后诉讼时执行，但我喜欢尽早关注对方高管的证词。
- 作为首席执行官，要掌控诉讼的进展，不要委托给首席财务官就完事了。诉讼很危险，且不可预测，可能会把所有参与者卷入麻烦之中。确保你个人与律师事务所和主要合作伙伴有良好的关系，你要让他们专注于实现诉讼的业务目标和成本控制目标。

成本控制至关重要。告诉律师事务所负责这一案件的人不得超过三个：主要合作人，初级合作人和一名律师助理。我真的和这么多的工作人员一起战胜过对手公司10倍的人——我们对案件的掌控远胜于那些律师。同时，要了解为数不多的几位合作人的账单率。检查他们每月的账单并提出质疑（这会起到很大的作用，否则他们会尽可能地多收费）。另外，要确保在新修订的公司运营计划中，包括了你对目前费用的最准确评估。这样，你的董事会就会清楚此事，同时你也要在不破坏现金计划的前提下进行筹划。

诉讼就是战争。要抓住对手公司的要害，迅速打败他们或使他们保持中立。但是，鉴于你是一家小公司，可以试一下柔道比赛的策略！如果你打开思路，想想对方寻求什么、害怕什么，很多案子可以在早期解决。根据原告的目的（加上给对方的一大瓶香槟），几乎没花什么钱，我就解决了很多案件，既保住了尊严和荣誉，又实现了“共同和平”。如果不可能妥协，就竭尽所能摧毁敌人，同时不分散公司实现商业目标的注意力。如果你的对手无论如何都要摧毁你，拖延和反击是最好的战术。

不要将案件的管理权交给律师事务所；相反，把他们对诉讼的回应当作打造和推出新产品的计划：制订计划，排出日程，做出预算，进行里程碑式的评估，同时始终遵循不含任何感情的商业法规。

后悔最小化原则

——当你的想法行不通时

经营的确不易。我们一直支持聪明的创始人，糟糕的是，由于执行不力，市场时机把握不准，或者出乎意料的外在因素的作用，许多种子阶段的公司再也没有发展起来。

在这一阶段，最重要的是弄清楚你打算做什么。

我最近遇到了一位企业家，一直在忙于实现（并将钱投入）自己热衷的想法。他已经干了一年多了，但公司还没有得到外部投资者的资助。问题在哪里呢？他做的是一种嘈杂空间中使用的消费品，始终没有产生太大的吸引力。这件事让我很忧心，显然他需要做出改变。我提醒他注意一些显而易见的事情：时间和积蓄是非常重要的资产。我让他考虑一下他是如何投资这些资源、提出具体措施的，这有助于他在短时间内取得成功。

如果你处于类似的情况，以下是你在决定如何行动时应该思考的一些现实问题：

你永远不能找回失去的时间。你把宝贵的时间花在可以产生有影响力的事情者提供多代财富的事情上了吗？如果没有，你可能要调整一下。

你花费的每一美元是否明智，是否有所影响？花钱时多加思考也是另一种难能可贵的资源，你得知道自己处理得很好才行。

你的团队是如何维持的？他们是否已经准备好？是否准备好全力以赴？对于有才能的员工来说，硅谷充满了诱惑。了解员工的投入程度至关重要。

鉴于这些事实：你应该继续缓慢前行吗？所有企业家都要经历困难时期，都要面对艰难的选择，但很多人坚持下来，恰恰是因为他们始终如一、抱守同样的信念。本·西尔伯曼对Pinterest（品趣志，一个图片社交平台）逐步进行了改进，但他始终保持其愿景，没有偏离社会公告板的想法。马克·贝尼奥夫通过将流行的消费趋势引入企业，从而改进了赛富时，但从未偏离他使软件更简单、更易得、更民主的想法。在你彻底改变方向之前，可能还有其他改正方法，如调整产品，增加营销活动或增加销售支出。所有这些改进措施赛富时都实施过。

你应该考虑进行重大变革吗？一些大企业家已经实施了重大变革，对产品进行了彻底的变革。Instagram（照片墙）最初名为Burbn，是一个具有游戏功能的移动社交应用程序。因为看到照片共享功能是其大部分用户参与的原因，转而专注于此功能的开发。当我们投资Meteor时，仅仅几个星期前，他们还在为iPad（苹果平板电脑）制作旅行指南。当他们意识到自己又在研发此前已经研发过两次的前端同步技术时，就决定专注于这一项目。Grubwithus创始人埃迪·卢和戴申·苏加诺曾花了三年时间试图提供社交餐饮服务，后来退后一步，重新评估，决定利用他们的团队创建一个致力于销售高端球鞋的应用——GOAT，我们后来投资了这家公司。

尽管有成功的案例，但重大变革并非必需或保证你成功的必由途径。如果你拥有卓越的团队和伟大的创想，我建议你进行重大变革。记住：你现在是时候利用投资者的资金和团队的时间去做一些初衷之外的事情了。

到了关门的时候了吗？有时候再也没有路可走了，最负责任的解决方法就是退出，因为你正在浪费时间和资金（投资者的和你自己的），没有奇迹发生的希望。在这种情况下，你要尽可能多地返还现金，找到下一件要做的事情。

你下一步要做什么？现在是时候仔细看看每一件事了。以下问题的答案可以让你清楚一些，并能够正确指导你的下一步行动。在这种情况下，你应该问问自己：

你必须坚持多长时间？继续追求你的梦想需要多少钱？基于你的吸引力，能筹集到更多的钱吗？

究竟有没有吸引力？你在创造人们喜欢的东西吗？你有多少把握赢得市场？你动手得太早还是太晚？时机把握住了吗？

你能做一些更有意义的事情吗？你是否已经有了可以证明你应该追寻其他事物的新见解，而你和你的团队已经看到了这一事物的明确需求？如果可以，你的团队适合实施这个想法吗？

当你目标不确定时，如何对待那些给你投资的人？你能为股东提供回报，还是仅仅是在浪费资金？

最重要的是：你准备承担什么？重大变革意味着一切从头再来——筹资、招募、大肆宣传你的产品或服务。如果那个前景没能把你激发起来，可能是时候找别的出路了。

很遗憾，你正处于一个十字路口。深入剖析，并决定是做一些调整（或修正），还是进行重大变革，或者关门。亚马逊创始人兼首席执行官杰夫·贝佐斯将这一“调查一切”的过程称为“后悔最小化原则”，他鼓励他的团队探索所有可能性——花费更多的时间决定想法是否正确，而不是因为过早放弃或没有深究而留有遗憾。

不要忘记，很多人之前有过类似的经历。询问值得信赖的投资者、其他创始人、家人或朋友，把他们都当作朋友。如果他们在你的位置上会怎么做呢？反思一下，下定决心，继续前进。

第三部分

成就卓越

第七章　卓越运营

实现盈利性增长的关键

高效执行的方法

——当你需要提高执行力时

我敢肯定，你发现人们不履行自己的承诺会很难接受。我本人也认为这种行为最让我焦虑。人们每天要么得到信任，要么失去信任。提高你信誉最好的办法就是兑现承诺。

我在IBM的一位导师兼经理约翰·弗兰森曾经说过，“你不能指望你没有检查过的东西”。我把这个建议铭记于心，花了很多时间确保自己了解每一件事情，确保尽早发现问题，并迅速解决。我坚持不懈地记录并以高要求而闻名，这使我能够在严格的期限内交付高质量的成果。这对人们的职业发展很有好处，但不适用于胆小的人。我要求严格并且掌控全局，以至于常常被指控管得太细。

随着职业生涯的发展和我所在公司的壮大，我意识到我需要实施一套策略和创建一种文化，以确保无须我直接参与而每件事情都能得到执行，我需要保证事情离开微观管理也能完成。

随着时间的推移，我学会了怎么做，也看到了成果。当我的团队交出别人认为不可能的成果时，我感到十分自豪。在易贝时，我目睹一个技术团队在困境中取得了巨大的成就。当时，易贝的搜索能力不足，跟不上我们在网站上添加新陈列的惊人速度。通常情况下，需要 24 小时才能将新陈列添加到索引中，供顾客搜索。这激怒了付费的卖家。另外，基础设施的更新耗费了公司数百万美元。解决这个技术难题不是易贝的专长，所以管理层倾向于花钱雇人解决，而不是自己解决。我们联系了谷歌和雅虎，但是最终考虑到我们需求的独特性和形势的紧迫性，我们决定自己解决。开发团队知道自己的使命，所以不需要多加督促。他们自我激励，自我启发，致力于带来改变。一个本应耗费 12~18 个月的解决方案在 6 个月内就完成了。这一新的解决方案可以让我们在几分钟内就完成陈列展示，节省了数百万美元。

我曾经亲身体验过在非常时期（处于危机时）能做多少事情，我开始意识到，在正常情况下，我们所设定的目标都不高，没有激励作用。“9·11”事件后，整个美国处于一种特殊状态。那天下午，时任纽约州州长的帕塔基打电话问我们能不能拍卖那些捐给纽约州的东西，然后将所得捐给慈善机构。我们问：“可否做一些更吸引人的事情？鼓动社区卖家协助拍卖，为灾民筹款，怎么样？”我们把这个项目叫作美国拍卖，以前从来没有做过这样的事情。我们需要获得免费的 800 热线电话，并为人们提供接听服务（以前我们主要依靠电子邮件），还需要考虑到税务、政府监管，以及批准的问题。最重要的是，编码本身就非常复杂。过去，这样的项目需要 6 个月，但是我们没有那么多时间。最后，就像团队展现的那样，我们发现并不需要那么多时间。我们夜以继日地工作，差不多花了 4 个通宵。这听起来可能非常困难，但并没有那么夸张。在那段时间里，我们建立了一个功能齐全的拍卖网站。杰·雷诺捐赠了他的摩托车，波·德瑞克捐赠了她的泳衣。通过不懈地专注于项目的执行，以及挖掘团队和社区的潜力，我们筹集了 2 500 万美元。

以下是我用来帮助推动执行文化的方法：

清楚地设定你想要达到的文化标准和规范。我总是明确地表示，我们追求卓越的表现，以及我们希望设定的是具有挑战性的目标。我并不期待每一个目标都能达到，所以我会对达成的 80% 的关键目标给予 100% 的肯定。对于任何给定的目标，要明确成功的标准，并与团队在这方面达成一致意见，这也是至关重要的。

要让团队明白何为卓越。卓越不应该以你的看法来定义，而是以这个世界的看法来定义。或许你得了“A”，但是你需要知道，这是小学生的“A”，还是研究生的“A”。很多时候，我们庆祝的卓越，其实只是有进步而已，并非在世界范围内已臻卓越。如果你不朝着世界认可的卓越而努力，你只是一般而已，不是真正的卓越。（你要的是卓越！）

确保每个人都知道发现问题是一件好事，有了问题要快速解决。我总是设定这样的标准，任何重大问题都必须有人负责，尽快解决，最好是在 24 小时之内。在回应和排除故障方面，我为自己设立了很高的标准，因为我从来不想成为关键道路上的障碍。

明确每一项主要任务的责任人。确保最重要的任务有充足的资源。你必须时刻清楚应该奖励谁、批评谁。

实施强制措施（例如，一对一谈话，项目评审，每周动态更新）来确保一切正常。这是关于什么时候做什么事情的协议。你还需要采取更具针对性的措施来确保工作顺利，保证工作质量达到或者超过公司的预期。

尽可能使团队精干灵活。即使在大公司里，也要让真正的团队做小事。建立相关机制，确保出现问题时可以迅速解决。要关注整个团队，随时了解他们的情况。除了确保他们知道自己工作的重要性外，还要让他们知道你是多么相信他们。

让团队和领导对项目和结果公开透明地进行评价。建立优秀文化的最佳方式之一就是让团队成员比你更为严格地给他们自己打分。如果每次重大努力都以最初目标为准完全透明地进行评价，就会出现好的结果。如果进展不顺利，带着探索和改善的想法去寻找原因。

一旦团队学会了如何高效执行，你就能创造出惊人的财富。你现在要做的事情就是确保按照正确的策略进行部署。

学会区分轻重缓急

——当你需要专注于重要事项时

每天，你的收件箱里都塞满了新邮件：你的团队来找你请求批准，你的客户提出各种各样的新要求。在这么多的信息中，你很难做到事无巨细，面面俱到，也很难专注于最重要的事情。

几年前，有人请我写一篇如何提高效率的文章。我写道："为什么我不'喝'咖啡。"并且分享了为什么我和大家一样喜欢咖啡（低咖啡因）和令人兴奋的谈话，但我却总是拒绝参加这种场合。

我在评论区收到了一些反对意见。我并不是想表现得很超脱，我只是发现这些会面都是巨大的时间旋涡，因为投入的时间总是比 30 分钟或 60 分钟的会议长。双方都需要到某个地方，而且经常会有人迟到。我想到的方法是通过电子邮件联系，而非当面交谈。这样我可以联系更多的人，而且可以节省大量的时间，做最重要的事情。

我们所有人都要面对如此多的要求，必须不断地想办法节省时间。我总是试图以某种方式来管理我的时间，但是直到我读了史蒂芬 · 柯维的《高效能人士的七个习惯》后，我才找到了正确的方式。他的时间管理模型帮助我学会了区分轻重缓急，也学会了如何专注于重要的事情。

柯维将事情分为今天重要的事情、未来可能重要的事情、没有持久影响的事情，以及根本不重要的事情。下面这张表格清楚地揭示了最值得关注的是那些重要但又不紧急的事情（方框 2）。

记住，方框 2 需要深刻的反省。它要求你去投资最有价值的事情，包括你的健康。如果你没有照顾好自己，生活就不会多姿多彩。我相信，如果你能做到方框 2 中关于公司和家庭的事项，其他一切事情也能处理得很好。但是，如果忽略了方框 2，你会将公司、家庭和自己都置于危险之中。

史蒂芬 · 柯维的时间管理模型（我们的案例）

	紧急	不紧急
重要	**方框 1** · 网络中断 · 没有完成季度计划 · 合伙人离去 · 公关危机	**方框 2** · 战略规划 · 愿景描绘 · 团结 · 沟通 · 鼓励团队 · 授权 · 保健
不重要	**方框 3** · 不必要的通话 · 来源不明的邮件 · 许多社交网络的更新 · 任何打断你日常工作、不能留待日后处理的分神之事	**方框 4** · 总是浪费时间的人 · 为创办公司的“场面”（一些派对和会议）分神 · 与每一个要占用你时间的人会面 · 微观管理每一件事 · 盲目跟风

我们都知道，关注当下发生的事情最容易，在面对危机或最后期限的时候更是如此。我们常常错误地专注于止血，而不是寻找出血点在哪里，以防再次发生。

当然，我们也必须关注方框 1 中的事情。如果不勤于补救和预防，公司是不会成功的。然而，不紧急但是重要的事情（所有英明的计划都源于方框 2），才是奇迹发生的地方。

首席执行官必须学会如何将混乱变为有序，这样他们的公司才能看起来像是一台运转良好的机器。那么，如何将信息从杂乱中分离出来，专注于重要的事情呢？

- 从紧急但不重要的事情（方框 3）中偷时间。不要接听陌生人的电话。
- 不要计划或者参加不必要的会面，这些可归到方框 4 中。建立一种文化，让每个人都觉得浪费的是自己的时间。
- 不要关注方框 4。把无关紧要的任务委托给他人或者干脆取消。
- 每周抽出时间做方框 2 所列事项——将其记在日历上优先去做。如果你不这样做，别人也不会去做，他们会将你拉回方框 1、方框 3 或是方框 4。
- 每周花时间反思自己是如何利用时间的，反思自己有没有在方框 2 花费足够的时间。我向你保证，你在方框 2 花费的时间越多，方框 1 所需的时间就越少（不断缩小方框 3 和方框 4）。
- 如果每周都把时间花在必须完成的事情上，并且每天反思，你会发现自己越来越专注于大目标，而不是让每个人沉浸在无关紧要的事情上。

任何领导者都应该掌握的关键技能之一就是了解什么重要、什么不重要。我们在这个世界上的时间有限，所以最好把时间花在有影响力的事情上。

有效决策的艺术

——当你的决定关乎公司存亡时

当你要做的决定会赌上整个公司时，我希望你看到的是一个能够极大提升自己并且对世界有影响力的机会。

有时候，事情进展不顺利，你不得不决定是出售、合并还是关闭公司。我并不认为这些是真正关乎公司存亡的决定，这些是失败的策略或执行不力的结果。（你走到这个局面的原因有很多：市场还没有形成，理念没有引起共鸣，团队没有执行，等等。）

在这封信中，我把重点放在这类决定的进攻性（而非防御性）案例上。这可以说是战略上的重大转变，比如苹果进军手机市场，或者亚马逊推出 AWS 云服务；也可以是一次转型收购，比如易贝收购贝宝，或者亚马逊收购全食。就在最近，吉利德科学公司（Gilead Sciences，美国著名的生化公司）宣布以 119 亿美元收购了凯特药业，以进入癌症细胞治疗领域。然而不是所有的大赌注都属于关乎公司存亡的决策，比如 2016 年维萨集团以 200 亿美元收购了其欧洲子公司。无疑这是一次大的收购，但是维萨集团对欧洲子公司的收购只是恢复了维萨在 2008 年上市以前的状况。

我在海湾网络公司经历过一次并购，那次并购分散了我们的注意力，让我们无法专注于与思科公司的竞争。由于太过专注于并购，对创新关注不足，使得思科公司占领了交换机市场，导致北电网络有限公司收购了我们公司。还有一次是在美国在线（AOL)，当时美国在线对收购易贝很感兴趣，但最终决定与时代华纳公司合并。(这从理论上来说是合理的：时代华纳公司将获得数千万新用户，美国在线也可以进军有线电视。然而并没有成功，这一颇有远见的想法被称为"史上最糟糕的合并"。)

这样的失败会让所有人犹豫。但有时候，那些没有下的赌注会变成你最大的错误。雅虎早在 2000 年年中就曾提出购买脸书，双方达成了 10 亿美元收购的口头协定，但是雅虎继续压价，导致交易失败。

在寻找交易失败的原因时，我经常想象水中有一艘大船。如果我们被鱼雷击中（这意味着交易出现严重错误），那么鱼雷是击中了水上部分（这意味着我们可以生存下来，但是得修补和会有不适）还是水下部分呢（这意味着很有可能会使整个公司倒闭）？

为了弄清楚事情的发展脉络，我主张让正方和反方向董事会陈述他们的观点。通常情况下，你遇到的都是支持该交易的正方，但反方的观点因为考虑到了可能发生的一系列可怕的事情，所以也很有价值。

另一种评估"赌上公司"的决策是否值得的方法是查看这一想法的来源，以及谁将为决策的实施和后果负责。我举例说明我的意思以及这种方法为什么重要。我们的一家组合公司做得非常好。在目前的道路上，如果团队继续这样执行下去，很有可能会出现非常有意义的结果（对首席执行官来说也是改变人生的机会）。不过，他们也会遇到更多的竞争，风险也会增加。最后，投资人提出了一个重大合并的想法。这可能会带来完全不同的业务，也可能带来失败。首席执行官非常睿智，也很有雄心壮志，但是发展当前的业务已经很困难，更不用说接手全新的业务

（以及地理环境）了。这一决定可能意味着整个企业领导层的变革。

在这种情况下，我的建议是不要这样做。公司的首席执行官和创始人不会提出这样的想法，因为风险太高，而且真的会赌上整个公司。问题在于，推动这一想法的人并不是将其付诸实践并予以实现的人。现在，创始团队在利用现有条件创造非常特别的东西，他们应该把全部注意力放在这里。需要注意的是，成功的收购是很困难的，大部分公司能够实现 50%就已经很幸运了。

以下是我在做类似决策时常用的逻辑：

如果一切顺利，你希望的一切都实现了（你要知道通常不会这样），你会拥有什么？

- 如果不幸失败，你会损失什么？对核心业务有什么影响？
- 谁来推动这一策略？他们对此有多大的热情？
- 你有多大的信心实现这一想法？
- 你有没有专门的资源来实现这个想法？

我认为，大部分决策，即使是重大决策，都不是真正意义上关乎公司存亡的决策。然而，如果你遇到了这样的决策，慢慢来，参考以上所列问题，做出正确的选择。

追求卓越的原则
——当你需要从优秀迈向卓越时

祝贺你做得不错！创建一家成功的公司是一项非常艰难的工作。你已经做到了，非常棒。但是，是时候让它走向卓越了。

那些无论做什么都致力于做到世界上最好的团队，总是使我深受鼓舞。我发现，这样的团队最后会成为最有趣的团队，并且会带来最大的价值。

以前我遇到过几次，一起工作的团队表现得非常出色，他们不知道所做的事情在很多人看来是不可能的。我在昆腾担任网络总监时，我们有一个非常紧迫的任务，要把长途通信电路和技术设施安装到即将上线的新工厂。没有一个电信供应商说他们能在截止日期内完成。如果不能马上让工厂准备就绪，就会全面延误，不仅损失大量的资金，也会损害我的声誉。

我没有接受他们的拒绝，而是与供应商代表开会来解决这个问题。我告诉他们，那些愿意想办法与我们合作的供应商将与我们建立长期有益的合作关系。之后我鼓励供应商想办法来帮助我们。只需要一个人举手说可以做到，其他人就会跟随，承诺去想办法破例。我们按时交付了项目，我的团队也踏上了从优秀到卓越的道路。

在我们的投资组合公司中，有时候会发现一些创始人混淆优秀与卓越的概念。对那些没有近距离观察过卓越的人，很难判断两者的区别。很多里程碑事件客观上讲都是优秀的，比如声名远播的风投公司注入大量资本，找到优质的客户，拥有百位员工，等等。如果你的公司是一家初创企业，这些里程碑看起来像是你一年前取得的进步。然而，如果你从更广泛的角度来看，你取得的成就算得上卓越吗？在同一时期，世界上最优秀的公司是怎样做的呢？

你怎样才能走向卓越？有 5 个策略需要经常实施：

理解什么是卓越。告诉 100 个人你想做什么，如果他们没有感到惊讶，说明你定的目标还不够高。我们需要看看谁称得上勇敢无畏。谁是世界上最优秀的？他们在做什么？

可悲的是，我注意到大多数人只求中庸，或者是将自己同上个月做比较，而不是同世界上最优秀的人做比较。在易贝，当我接手客服部时，团队向我介绍了他们的工作及其进展。我说："你们做得很好，能得'A'，但我不确定是小学的'A'还是研究生院的'A'。"为了弄清楚这一点，我们要看看外界，看看其他人是怎么做的，并且确立衡量基准。我们发现，每个客服代表每个小时能处理 3~4 封邮件。而行业的标准是 15 封。一旦知道自己落后了多少，我们就会设定新的目标，制订计划，然后去执行。

人们对改变自然会心生抗拒。无论是在公司内部还是外部，我常常听到人们说有些事情做不了。一般来说，我认为这是不够努力或缺乏想象力所致。如果你能让你的团队证明自己错了，他们就能完成不可能的事情。

不断追求进步。我最近刚刚参加了一个为期三天的会议，一同参会的还有赛富时的 400 位高管。我们坐在夏威夷的一个会议室里，深入探讨我们的计划和进展。虽然人们对我们的进展感到高兴（当然有很多值得高兴的地方），但是我们花了很多时间思考哪些地方可以做得更好更快。赛富时成为卓越公司的一个原因就是它总想做得更好。

你是否总是努力想交付更多？问问自己下面的问题：

- 我钦佩谁？谁正面临着类似的挑战？为什么？他们做了什么？
- 什么可以实现？什么时候可以实现？我们能设定和实现的最高目标是什么？目标一定要高，但是也要知道，如果你的期望不合理，团队会筋疲力尽。要求太多不仅会损害他们对你的信任，也会打击他们对自己的信心。

要清楚自己需要把握的机会和想要达到的目标，不要让任何事物妨碍你。在易贝的时候，我们有一个非常有才华的管理团队。我们知道自己的独特之处，也努力对彼此负责，确保公司走向辉煌。你怎样才能使自己成功呢？

为团队提供成功所需的工具（不只是预算资金和资源，还需要有效的强制措施、沟通、与高管的接触、升级权限，以及帮助他们成功的方法）。每天工作，清除他们无法做到的借口。

让团队保持一致，以便他们能快速做出决定。在海湾网络公司，当我们快速执行一项企业资源规划时，人们不能及时做出决策。为了解决这一滞后问题，我们引入了 24 小时规则，即任何问题必须在 24 小时内解决，否则问题将提交给我和指导委员会，以便迅速解决。这个项目最后成功了，甚至获得了计算机世界史密森奖提名，成为当年美国最好的技术成果之一。

不要阻碍你的公司。我们的投资组合公司中有一位创始人正处于优秀和卓越的十字路口。多年来他只取得了中等业绩，最后他进行变革，以充分发掘巨大的客户需求。他使那些想要使用其服务的卖家的潜在需求得以增长。但是，由于无法及时调适卖家的供应，他对他们实施了限制。业务一直在疯狂增长，实际上可以增长得更快。在易贝，我们也遇到了瓶颈。我们曾有过 90 天的空窗期，在这段时间里我们拒绝增加新的用户，因为不能在增加用户的同时保证网站的正常运行。在这之后，公司虽然仍在发展和盈利，但是没有走向卓越。

激励他人走向卓越。作为管理者，我们必须小心行事。我是一个完美主义者，所以如果我告诉人们我所有的真实想法，可能会让他们在大多时间里陷入困境。相反，我学会了激励他们，帮助他们扩大视野，变得更有优势、更勇敢。你的工作就是向员工灌输信心，让他们渴望依靠自己的力量获得成功。当你把这种理念灌输给团队，奇迹就会发生。

太多的人把目标定得太低。一有了进步就会感到满足，不再努力成为世界上最好的。我经常看到一些团队一有了进步就兴奋不已。他们应该为这样的进步高兴，但他们还远没有达到足够高的水平。结果呢？他们安于现状，不追求卓越。优秀还不够，要追求卓越。

你有能力超越自己的想象
——当你需要明白一切皆有可能时

你创办了一家公司，并且获得了资金，这很好。然后呢？

希望你的梦想是有所突破。每个人都想成为马克·扎克伯格或者马克·贝尼奥夫，但每创建1 000家公司，只有一半可以生存下来，只有很小一部分非常成功，并可以称为卓越。这就像是用瓶子捕捉闪电。那么你怎么才能做到呢？

虽然没有现成的方法，但在通往成功的道路上，有些步骤是必须遵循的。一切都始于远大的目标。什么目标才算远大呢？必须是惊人的远大。如果你的想法并不令人惊讶，你需要重新调整，想得更远大一些。

我必须在自己的职业中汲取这一教训。我的职业生涯是从IBM的保安开始的。我不知道未来会怎样，而且说实话，我并不知道自己的未来会有多美好。对自己在职业生涯中能取得什么样的成就，我的观点有些狭隘。那时，我最大的梦想是成为IBM的一名管理人员，拥有自己的家。对当时的我来说，这已经是很大的跨越了，但我的目标还是不够远大。

我始终相信我能做到任何事情，只是考虑到我的背景和做出的选择，我不认为这个世界能让我做到。我想我必须不断提高自己，我知道我可以，但是我怀疑这个体系能不能看到我的独特之处，因为我走的是一条非传统的道路。用一位曾指导我的高管的话来说，我“全靠后天的努力”。

我有一个不同寻常的童年，与我现在的生活截然不同。我的父亲在我 7 岁的时候突然去世。他没有保险，我妈妈不得不开始工作，以抚养 5 个孩子。我们失去了空调、热水和电视，也失去了梦想，因为我们忙于生存。在学校也不容易。如果妈妈不能担任“训导妈妈”，我就不能参加童子军。但妈妈需要工作，不能做“训导妈妈”。由于参加足球项目需要花钱，我到中学的时候才加入一支免费球队。我上小学的时候，人们认为我有语言障碍，应该接受特殊教育。一直以来我都是一个没有父亲也没有钱的孩子。

尽管如此，我仍有着远大的梦想。我十分努力并取得了成果。我在学校获得了各种奖项，在足球和少年棒球联赛中获得过最佳球员奖。我以为我会在大型联合会打球。我妈妈特别担心我骄傲自满，戏称我为“偶像”，以防我自满。

没有人跟我谈论过申请奖学金或者上大学的事情；没有人期望我能做得更好，变得卓越；没有人告诉我什么叫卓越；我只被告知高中毕业后要开始自己照顾自己。这剥夺了我的机会。虽然我的父母都上过大学，我是兄弟姐妹中第一个拿到学位的，但对我们来说，选择十分有限。

我希望当时我们知道选择是无限的。我希望当时我们知道可以为自己创造机会。我希望我们知道工作可以是令人兴奋、令人满足的。每个人都可以在创造非凡的生活中发挥作用。在工作中，我学到了：

- 一个机会可能会带来另一个机会，而努力工作，尤其是自愿做别人不愿做的艰苦工作，可以带来巨大的成功。
- 很多事情都像是跳水。出身虽然是一个很好的踏板，但并不是你成功的唯一途径。成功唯一的途径是努力争取：展示，入门，然后为之努力。

- 当你尝试并取得成功的时候，你会发现赢是很有趣的，而且容易上瘾，你会想一次又一次地赢。
- 绝对不能骄傲自大。你需要学会如何优雅地赢得胜利。保持谦卑，不辜负公司对你的期待。
- 记住：即使你有所突破，也不意味着你会一直保持突破。你必须一次又一次地证明自己。成功之后，你会发现以前仰望的高山只是小丘，你想抵达顶峰，还有很长的一段路要走。要永远专注于前方的下一座高山。

虽然这些年我一直在整理自己的思绪，但从未认真想过使我从前门进入的原因。但是，我明白，即使从厨房进去，你仍然拥有巨大的机会。经历了数十年的职业生涯，我逐渐明白，社会期待你做的并不全是你能做的，也不是你想做的。

我们都有能力超越自己的想象。梦想要远大，行动也要加强。如果你愿意去梦想，并努力奋斗，认真执行，就可以取得不可估量的成就。我希望你清楚自己想要实现的目标，希望你意志坚定，努力争取实现梦想。要倾尽全力，不留遗憾。

如何走在发展曲线的前端
——当你需要扩大规模时

公司不是一成不变的，它们不是在增长就是在萎缩，而且朝任何一个方向发展都很艰难（尽管增长更为有趣）。

如果你正在努力跟上公司成功的脚步，这是一个大问题。首先祝贺你创造了这个世界需要的东西。现在，你需要决定如何走在发展曲线的前端，这样你才不会限制公司的发展。

在讨论解决方案之前，我们先为发展的问题增加些色彩。增长越快，产生的摩擦就越多；你越成功，需要应对的挑战也就越难。在一家小型的创业公司增加一名新员工就有不少工作要做，但是如果增加 50 名新员工会怎么样？ 250 名呢？迄今为止，所有员工在一个地方生活和工作多年，现在要增设一个国际分部又会怎样呢？

所有这些变化都是好事，但是很难做好。如果上季度有问题没有解决，可能会影响这个季度。你必须坚持不懈，不断提升，你必须不断想办法把事情变得容易些。这封信是关于化难为易的。

解决这些障碍的一个办法就是学会如何提高辨识能力。你得清楚孰先孰后，孰轻孰重。随着公司的壮大，越来越多的事项引起你的注意，你必须确定哪一项最重要。

最近，我与一家投资组合公司的首席执行官进行了一场艰难的讨论。我关心的是公司所处的位置，而他满足于已取得的成就。从某种程度上讲，我们都是对的。公司经营得很好，有很多值得骄傲的地方。尽管如此，我相信它可以增长得更快。团队已经创造了一些奇迹，现在正处于关键时期，已经准备好起飞。这一重要时刻带来了非常难得的机遇，我知道他们必须抓住。

这意味着要付出很大的努力。当遇到扩大规模的问题时，总有很多事情需要做。公司必须迅速补充职位，让新员工成功上岗，让客户争相与公司联系，确保每个人都干劲十足，让世界都明白，与之前相比，他们已经大不相同。

当这位首席执行官回顾过去（他们走了多远）时，我在展望未来，展望我认为他们可以抵达的未来。我认为他们可以敲响纳斯达克的钟声，成为一家上市公司。然而，这需要更加严格的管理。在这种情况下，也需要解决可能拖累公司的一些挑战，如职位空缺、士气不高、季度亏损等。

公司想要成功，就必须不断发展壮大。我发现，人们对“创新”感到兴奋（尽管这些常常不能带来回报），但对“卓越运营”“严格管理”这样的字眼感到厌倦（尽管这些几乎总是能带来更好的结果），这很令人惊讶。如果你能实现卓越的运营管理，对你的职业和公司都有极大的好处。如果你专注于此，你会发现卓越的运营管理比你想象的要容易得多。

有很多工具和方法可以帮助你了解什么是卓越，并帮助你走向卓越。我们过去常常吹捧看板管理、关键绩效指标管理和目标体系管理。在程序管理中，敏捷开发在很大程度上取代了曾经流行的瀑布式开发方法。我自己使用的是能力成熟度模型（CMM），赛富时使用的是马

克 · 贝尼奥夫的V2MOM法。这两种方法我都会在下文提到。然而，我真正想要告诉大家的不是某一种特定的方法，而是实施这一方法可以推动公司进行运营预测的重要性。你需要一些外部的方法来帮助你审视公司，看清自己所处的位置，从而决定之后的道路。

当我遇到新的境况，我做的第一件事就是评估。所有的公司，不管是新公司还是成熟公司，都会随着变化的市场条件在成熟度模型中起伏。所有的公司在追求成功的过程中都会经历这些不同的阶段。

以下是我衡量公司状态的方式：

一级：这是灾难性的场景。你没有做到自己承诺的事情，人们在到处乱跑，火急火燎。在任何一天你都有可能进入一级状态，比如开会迟到，然后错过了参加下次会议的机会，从而没有得到相关的信息。当事态开始失控时，应该立即采取措施加以纠正。

二级：你还没有达到设定的目标，但你有清晰的计划。这一计划是可行的，你知道谁负责哪些任务和目标，但是你还没有明确地实施这个计划。

三级：目前还没有太多危机。“说”和“做”的比率接近1。你很可靠而且一切都可预测，但是你还没有发挥出所有潜能。你的公司发展很健康，公司机制也与之相适应，但是你需要在这种稳定的基础上获得动力，走在发展曲线的前端。

四级：运行良好。你可以用很少的资源做很多的事情，而且获胜是显而易见的。比如在易贝，当我们战胜了扩大规模的挑战后，公司发生了明显的改变。公司员工会更快乐，大部分人有更多的睡眠时间，我们也都非常喜欢公司，决定留在这里。（真正让我觉得有趣的是，从一级或二级爬到四级的人永远不会忘记攀爬的过程，并且决心永不后退。而在四级加入的成员并不能理解这一转变背后的痛苦，这样的团队容易自满。）

五级：没有你，你的团队也能运作良好，而且完成工作的时间更少。你现在是别人的资源。在这个时候，你可以发掘新的机会。你已经发现了诀窍，只专注于最重要的事情。

记住，取得成功意味着你要不断地提升公司和各个部门的水平。这也是为什么不能刚入门就满足（三级），而走在发展曲线的前端，为明天做准备（四级）是如此重要。同样重要的是，这些级别都不是一成不变的。你可能做着五级的工作（对以后很重要的项目），同时又处于三级的世界（很稳定，但是未来不保险）。而且，你可能会遇到一级的问题（失去一个关键的职员），这会限制你，在你想要达成的目标上花费更多的时间和周期。

我加入易贝的时候，公司还处于一级水平，我受邀来解决问题。他们说事情都不顺利，这是公司不能走向卓越的委婉说法。我的任务是把混乱变为有序。以下是我们当时一个简单的行动框架，你可以参考一下：

- 首先，谈谈成功是什么样子。
- 决定什么是重要的，对关键的事情要制定标准。
- 实施强制措施。
- 及时沟通，问题要在几分钟或几小时，而不是几天或几周内解决。
- 升级问题。
- 要明白问题不在于你发现了什么信息，而是你用这些信息做了什么。（经常问问自己：我们现在知道什么？需要改变什么？）

我碰到的最简单好用的工具就是马克·贝尼奥夫开发的V2MOM法，目前仍在赛富时使用。

从1999年公司成立至今，V2MOM一直用来指导赛富时做出每一个决策。它最大的优点就是同样的结构适用于任何组织生命周期的任何阶段，你可以把它写成一份商业计划书，也可以用来概括上市公司的年度目标。同样的工具也可以在整个组织的各个层次使用。在赛富时，每个人都有V2MOM，它连接到公司的V2MOM，这样每个人都知道他们在做什么，以及他们的工作如何推动公司远大目标的实现。这是一个很好的方法，可以让公司高度内省和高度透明，保持高水准，并且迅速纠正错误。

V2MOM很简单。下面是一个模板。

- 愿景（你想要什么？）

  ____

- 价值观（什么最重要？）

  ____

- 方法（你如何做到的？）

  ____

- 障碍（什么可能阻碍你？）

  ____

- 措施（你怎么知道何时能完成？）

  ____

公司取得成功的时候，不可避免地会遇到新的挑战和挫折，这是很自然的事情。总是会出现新的情况，所以要严格管理——进行自我评估，知道自己的目标，也知道达成目标后是什么样子。尽管实现规模扩张很难，但是如果你想让公司成功，那就别无选择。祝你好运！

如何保证董事会顺利运转

——当你想要组织高效的董事会议时

作为一个几十年里开过成百上千次董事会议的人，我对如何召开一个高效的董事会议给出了一个颇有讽刺意味的简单回答：经营的公司富有成效。如果你的公司达到或超越了预期目标，几乎所有的董事会议（即使是草率的会议）都会很成功。

但是问题在于，实际情况往往并非如此。对大部分公司来说，增长并不总是朝着好的方向，因此你希望并需要董事会成员的全程帮助。这意味着很大的压力：你需要把会议安排得非常好。

很重要的一点我得指出来：董事会成员通常是通过董事会议来了解你和你的领导能力。所以，他们可能（正确或错误地）根据你在董事会议上的表现推断你在公司其他领域的表现。

成功的会议始于董事会成员和你之间的协调一致。开始的时候，理想情况下这些会议像一对一的深入谈话，要留出一些时间讨论法律手续（比如，批准、股票，以及其他需要讨论的手续）。如果你们事先就会议的频率、长度、议程和管理层的参与已经达成一致意见，那么这些会议将进行得非常顺利。

随着规模的扩大，这些会议会变得越来越正式，需要做出调整。顺便说一下，保持董事会成员人数不增、与他们的亲密关系不减的时间越久越好。但是不可能永远如此。当你进行一轮又一轮融资时，你常常要在每一轮融资后增加一名董事会成员，并且改变整个董事会的动态。

当你的公司成为一家大型上市公司，你还有许多监管工作和合规活动要处理，除了一般的董事会议题，你还需要专门的委员会（如审计、薪酬、提名和管理委员会等）。大公司的董事会和委员会会议通常开整整两天或更久，甚至包括晚餐时间。董事会会议的主题通常是提前准备好的。例如，可以提前确定在 7 月的董事会会议上讨论战略，在 1 月的董事会上讨论新一年的预算。当年的会议和日程要提前安排好，因为需要在很多日程忙碌的董事会成员和顾问之间协调。

（如果你有点抓狂，现在请深呼吸。好消息是你离那种安排还有好几年的时间。但是我想让你明白，如果你的公司上市，就会遇到那样的情况。）

同时要注意，你的董事会会不断壮大，它始终需要积极的管理，这一点很重要。下面是一些简单的规则，可以让每个人做起来容易一点：

- 提前安排好会议。
- 确定董事会成员知道是否可以远程参加或者缺席。（我刚刚参加了一次董事会会议，首席执行官最后换成了视频会议，而一位董事会成员刚刚缩短了欧洲的旅程，亲自回来了！你肯定不想发生这样的事情。）
- 提前一周或两周发送计划好的议程，就董事会想要讨论的话题征求意见。
- 确保所有材料提前发出（至少提前两天）。董事会成员通常都很忙，但是也想把工作做好。如果你不给他们足够的时间，他们就会生气。

- 留出时间与全体董事会成员以及董事会外部成员开行政会议。
- 在董事会会议结束时留出一些时间给董事会成员，让他们给你提供反馈。

充分调动董事们的资源
——当你应该让董事会工作时

恭喜你！你已经创办了一家成功的公司，现在有了董事会。希望你已经成功筹集了几轮资金，拥有了一些优秀的投资者和杰出的董事会成员。现在做些什么呢？

我强烈建议让他们工作。这是董事会常规会议之外的工作。在常规的董事会议上，你告诉他们最新动态，他们会提出建议或给予批准。记住这可能是你作为首席执行官的第一个角色，他们拥有丰富的经验，可能多次担任过董事会成员，他们是不可多得的资源。

- 一切事务均可征询他们的意见，例如询问董事会PPT的范例，他们对董事会议程的建议，询问他们喜欢的沟通方式，需要什么样的报告等等。
- 如果你打算加快进入市场的步伐，向他们寻求帮助，打开通往关键市场的渠道。
- 当你想要雇用一些关键员工时，请求他们推荐候选人。给你一个忠告：如果他们给你推荐了，一定要跟进。如果一位董事会成员对请求帮助做出回应，结果却被忽视，你根本没有采取相应的行动，这可能会激怒他。

- 在很多关键的决策上征求他们的意见，但不要放弃决定权。记住，董事会成员（一般来说）喜欢参与重大决策，而不是被告知对你已经决定的事情投票。
- 只要切实可行，一定要认可董事会成员的贡献。在韦伯投资公司，我们常常建议组合公司的创始人定期更新动态，并建议他们召集那些能提供帮助的投资者。（我知道我总是想让韦伯投资公司团队出现在能提供帮助的投资者名单上。）

我希望你不仅筹集到了公司发展所需要的资金，而且在董事会中拥有值得信赖的顾问来指导你。虽然我不遗余力地提议让董事会投入工作，但我也建议你在这样做的时候尊重他们的时间。

预防问题发生的方法
——当你想要防患于未然时

如果你正阅读这一节，你可能正在寻找防止意外发生的方法。我总是说，问题不会随着时间的流逝而好转。因此我一直在注意潜在的问题，希望能尽早发现并迅速解决。

我写这封信是为了分享主动应对而非被动应对的好处。让我们来看一个真实的案例。有一次在雅虎，我们有一个筹划了很长时间的董事会会议。糟糕的是，一些新的董事会成员并没有得到通知。我一再地询问，但是公司并不确定是否要举行会议。最终，还是确定召开这次会议，以便在一定时间内选出代理人。虽然除了举行会议别无选择，但是这并不意味着让所有的董事会成员都能参加会议是一件容易的事情。于是公司开始匆忙通知董事会成员。结果，13 位董事会成员中有 4 位由于时间冲突不能参加。我主动联系了这 4 位董事会成员，为他们不能参加而深表遗憾（这种情况几乎是可以避免的，这次也可以避免），还向他们解释了这次会议召开的原因，让他们知道我很乐意在会议上代表他们发表意见。这 4 位董事中有一个人对此次会议一无所知，深感疑惑，我不得不花时间详细解释所有的事情，减轻他的担忧。亲自联系他们非常重要。如果我们没有在会前主动联系他们就召开会议，我敢肯定会引发较大的恐慌，并出现信任危机。

请允许我再讲一个最近发生的防患于未然的例子。我在韦伯无线电信息网络实验中心的一位创始人每周都会发给我动态更新（我并没有要求他这样做，但我很感激）。由于我去度假，没有收到那周的更新，接下来的一周还是没有收到。我去问他的时候，他说："我已经发给你了。"我当时跟他在一起，所以我们就一起检查了我的邮件，我确定没有收到。我们发现，他将更新发到了一个我没有使用的邮箱。如果我没有检查的话，他可能会继续向那个邮箱发送邮件并且觉得我已经收到了，还会奇怪为什么我没有发表任何意见。我也可能会一直错过这些他每周分享的重要信息。虽然这不会是世界末日，但如果继续下去，会导致投资者和创始人之间不睦。好在我们在问题刚刚出现时就解决了它。

在其他信件中，我谈到了工作效率和强制措施。工作效率就是在相同的时间内比一般人完成更多的事情。我们都知道出乎意料的事情常常让你的工作效率下降。强制措施（包括一对一谈话和状态审查）有助于提早发现问题，为你提供迅速处理问题的机会，使其成为有助于提高工作效率的实用工具。

然而，仅仅分配任务和实施强制措施是不够的，软技能在这里也十分重要。我养成了一个习惯，把时间花费在每个项目的关键人物上，包括经常和他们交流，观察他们的身体语言，以便对可能发生的事情有更深入的了解。还包括观察团队成员之间的关系。我在易贝的小隔间里了解到了观察的价值。一开始我讨厌坐在小隔间，因为我已经在属于自己的办公室里待了很多年。每当有事情发生的时候，我总是躲在办公室里。而现在，所有的事情都是公开的。紧张的气氛是能够感受得到的。

这让我们更容易了解发生了什么。为此令人惊讶的事情发生了——问题解决得更快了，因为我们不想再带着这些问题生活。

下面是一些关于如何尽早解决问题，以及预防问题发生的想法：

尊重彼此的时间。尽早沟通好什么时候你需要什么。你要让他们承诺有需要时会过来帮忙。如果你总是处于紧急模式地改变会议议程或者时间，你会给团队其他人带来巨大的麻烦，也会给他们的团队带来巨大的麻烦。

让团队知道发现问题应该得到鼓励，早期预警也值得赞扬。如果你没有足够的时间，问题解决起来会十分困难，因此，你还要教会团队如何独立提出解决方案。

对你最关心的事情要经常探讨。既要有正式的讨论，经常性地进行一对一会谈，也需要非正式会议和临时商讨。

注意所有的征兆。我经常得深入了解那些行为、态度或者模式发生变化的人，这样我可以尽早发现问题的征兆。留意交流中节奏的变化，听听别人在说些什么，就像人们说的无风不起浪。

始终做复盘。当你解决了一个本应该早就解决的问题，花时间跟团队讨论一下再遇到类似情况如何做得好一些，要对他们提出期望。

我保证，如果你能尽早发现问题并迅速解决，首席执行官这一工作对你来说会越来越容易、越来越有趣。

第八章　危机处理

在事情变糟之前快速解决

“反应过度”好过“反应不足”
——当你遇到危机时

你发现自己陷入了危机。在你的计划和日常生活中发生了意想不到的事情，这从来都不是什么好事。但这种事会发生在我们每个人身上，而且经常发生。如何处理这些问题才是最重要的。你会让危机彻底毁掉你和你的事业，还是借此变得更强、更好？

不管危机是意外发生，还是因为你没有处理好某件事而发生，当务之急是在事情变得更糟之前马上处理。我的建议是，应当“反应过度”，而不是反应不足。

然而，在我们讨论如何解决这个问题之前，让我们先后退一步想一想。

危机有多严重？首先，让我们确定一下：你真的遇到了危机吗？你能清晰地描述出这个问题吗？它有多严重？

你需要将危机分类，换句话说，你需要衡量问题的混乱程度。在易贝，梅格·惠特曼和我会用危机等级模型来评判即将出现的问题。危机等级模型可以让我们快速衡量问题的严重性，可分为1~10个不同的等级。“1”是每天都会发生的日常问题，比如用户的电脑出了问题、无法登录易贝等（这不是世界末日，我们也没多少事情可做）。“9”是指由于停电而导致网站崩溃，并且没有进行备份。问问自己：这是一场即将过去的恐慌，还是一场使你无法恢复的致命危险？

现在你已经评估了问题的严重性，假设你遇到了一个大问题——6级或6级以上的大问题，并且这个问题对公司构成了威胁，就说明你该开始工作了。

没有时间可以浪费。如果你把青蛙放在沸水里，它会很快跳出来，但如果你把它放进温水里，慢慢地加热，它就会待在水中，最后被煮熟。不要在热水中停留太久。

我常说问题不会随着时间的变化而好转。很多时候，人们会隐藏问题或者对问题置之不理，而不是在问题还不严重的时候去解决。还记得泰诺瓶盖或者英特尔奔腾芯片的问题吗？想想特斯拉对安全带故障的反应与他们的有多大不同。特斯拉公司召回了所有的汽车，并主动处理了这个问题。正如梅格·惠特曼常对我说的那样："跑到火里去！"（积极处理问题。）

合理配置资源。到了让人人都行动起来的时候了。首先要做的就是发出警报，立即引起大家的注意，并采取行动。在易贝，我们使用代码（严重度1级、严重度2级等），它帮助我们立即识别问题的大小和反应时间。（"严重度1级"会立即处理，而"严重度4级"会在次日处理。）我们还引入了"911"这样的术语，这意味着公司的所有资源，不管之前用在什么地方都可以先拿来解决当前的重大问题。

当人们群策群力应对危机时，你会惊讶于他们的成果。然而，需要注意的是：谨慎使用紧急状态。将未来的危机升级为"911"，加快响应时间，这可能很诱人，但不要轻易这样做，它会很快毁掉你的团队。

要知人善任。人才就是一切。当你处于危机模式，你很快就能看到员工的最佳状态和最差状态。在一场危机中，我了解到我的团队缺乏合适的人才。我决定尽快在我的团队中增加几名关键的高管作为直接报告人，几周内就办好了这件事。我也见过一些人，他们可能有点古怪，但足智多谋，能够反败为胜。保证你的团队中既有诊断问题的高手，也有善于救急和解决问题的能人。如果你没有，尽快招募。

要未雨绸缪。老实说，遇到问题时，你并不总是知道问题出在哪里、如何解决。2000 年年初，我就遇到了这种情况，当时几家互联网公司深受分布式拒绝服务攻击（denial-of-service attack）之害。我们必须与供应商合作，编写补丁，并与其他科技公司和执法部门合作，以确定如何阻止攻击。

我喜欢同时研究几种可能的解决办法，以防我们的假设是错的。如果你想快速解决问题，最好同时开发多个解决方案，而不是一个一个地来。此外，往后看 2~4 步，这样你就有了选择。不停地问自己：如果这样行不通，下一步该怎么办？

放下你的骄傲。这与等级无关。人各有所长，绝佳的答案可能来自任何一个人。在整个过程中，要让每个人发表看法，提出洞见或问题。最重要的是要迅速解决问题，以绝后患。要不断地问自己：我们是否每天都在进步？如果没有，那就做一些改变。

尽一切可能减少对客户的影响。我常常提到易贝，可能因为它是危机处理中心。刚开始的时候，我们用的是一家大供应商的驱动程序，当它们崩溃时，我们的整个网站就崩溃了。供应商告诉我，我们要求恢复的时间“太短”，如果让他们循环 20 分钟，一切都会好起来。谁会在网络上花 20 分钟？

我们认为当时的情况不能再继续下去了，于是供应商开始着手开发固件解决方案。然而，在这之前我们需要有一个临时对策。我们让人一天 24 小时关注崩溃前可能闪现的预警。一旦预警出现，他们就在崩溃发生之前将磁盘取出。这是一个需要大量资源的高强度的解决方案，但在用无故障软件修复系统将它自动化之前，我们必须竭尽所能来减少对客户的影响。

大多数管理人员不会要求供应商做我做过的事情，但是找到一个不影响客户的解决方案至关重要，即使这样做对其他人来说很尴尬。有时你必须不顾一切勇往直前。

与董事会、团队和客户沟通。让你的董事会和管理层保持高度警惕，确保他们一直在你身边，直到一劳永逸地解决问题。不要躲避任何人。

在易贝，我会就某些问题给管理团队提供最新动态，每周还会就哪些进展顺利、哪些没有进展提交状态报告。将这一做法引入你的行动计划吧。此外，要获取每个高管和供应商的手机号码，这样你就可以尽快调动资源。

记住，你不只是和团队一起解决问题，客户也要参与进来。必须有人通知他们，让他们冷静下来。在这个阶段，沉默不是一件好事。以下是在危机中应该采取的行动：

- 讲真话。
- 告诉他们接下来的步骤。
- 告诉他们你什么时候会再次告知其新动态。

你需要有一个适当的沟通程序。谁负责员工、客户和媒体的沟通？（提示：不应该是救急的人。）

别人总是希望你做得更多。要解决这个问题，最好的办法就是建立一种透明、负责的文化。在易贝，如果遇到问题，我们总是会告诉我们的“社区”：说话要小心，要说实话。但要记住，当你认为自己知道接下来会发生什么，或者是什么导致了这个问题时，结果往往截然相反。在易贝，以及后来在赛富时，我们建立了一个“信任网站”和仪表盘，赛富时发生的事情在网上完全透明，人们可以知道实时进展。

事后分析必不可少。永远不要浪费危机。这是一个精益求精的机会。一旦问题解决了，找出问题出在哪里（是执行问题、供应商或产品问题、软件错误还是外部事件），以及如何杜绝问题再发生，这是非常重要的。记住，卓越的公司在处理危机时必须是世界一流的，但它更追求防患于未然。（你需要同时掌握这两种技能。如果你正处于危机之中，谈预防为时已晚，所以你最好善于摆脱困境。）

从现在开始，防患于未然。理想情况下，你要预先策划一本指导大全，而非在应对危机时制定措施，形成一套指导方针。然而大多数情况下，创始人不会未雨绸缪，于是不得不边应对危机边继续前进，这要难得多。在易贝，我们就预测的问题制订计划，提出处理方法。我们每时每刻都有人盯着，员工随时待命，以便对任何问题做出快速反应。这是一种积极主动的方法，在紧要关头节省了我们的时间。例如，当我们得知“9·11”事件发生几小时后，人们将世贸中心的残骸放在网站出售时（这是一个“6级”危机），我们知道该如何应对，因为我们制定了详细的规则，其中一条就是不从灾难中获利。多亏这一政策，我们能够当机立断，将其撤下。

在易贝，我们在防患于未然和斩草除根方面做得非常好，从而不用一直应对危机。局面变得平静了，而这又成了一个问题。

“我们曾经那么重要，”团队中的一个人对我说，“现在梅格每天晚上都不来看我们了。”

“本来就该这样。”我对他们说。

当一切顺利时，你也会有平静的时刻。好好享受这段时间，然后利用这段时间投资，让你的企业变得更好。

要明白问题出在哪里
——当你这一季度没有达标时

我能想象得到你的感受，我很同情你。作为一个完美主义者，如果答应做的事情没有完成，那还不如杀了我。

让我们稍停一下，感受一下你现在的不适。这很痛苦。（如果你没有觉得不舒服，那就是个大问题。）让痛苦的体验来坚定你的决心，这样你就可以避免重蹈覆辙。

现在，我们必须想想为什么会这样。为了确定这一点，我有几个问题要问你：

你什么时候开始觉得你可能完不成这个季度的任务？你什么时候确定的？

你是否和他人谈起过你的担忧？你是提前告诉他们的，还是坐等奇迹发生？

- 董事会在处理意外时表现不佳。而且，就像所有问题一样，坏消息不会随着时间的推移而转好。
- 如果这对董事会来说是一个意外，那么它是多大的意外？它在危险等级表中属于哪一等级？

- 记住，当事情进展不顺利的时候，人们希望你能站出来，从大局给予他们指导。
- 如何传递坏消息关系到你的领导力信心的增强。

是什么业务问题导致了这一问题？（明确清晰地回答这些问题，了解其中的原因。要承认问题，不要心存戒备。）

- 你的计划有缺陷吗？你的目标不切实际吗？
- 你的执行有问题吗？如果你执行不力，是在什么阶段发生的（如销售阶段、技术开发阶段、市场营销阶段等）？
- 产品有缺陷吗?
- 产品市场或服务市场很糟糕吗?

情况有多糟糕？是“普通感冒”“流感”，还是更为严重甚至可能致命的“疾病”？

- 如果是“普通感冒”，找到一种快速恢复的方法，坚持到年底。这一季度已经过去，但不要放弃，努力工作，回到正轨上来，在下个季度超额完成任务，弥补上季度的不足。
- 如果是“流感”，你很可能撑不过今年，下一轮估值可能低于预期。但如果你制订了正确的复苏计划并付诸实施，你仍然会长期保持良好状态。
- 如果是严重的疾病，董事会里会有很多焦虑和分歧。如果你在银行里没有很多现金，需要筹集资金，很可能这一轮融资估值较低，困难重重。这并不喜人，而且通常会导致领导层的更迭。不过，你可以从濒死中逃离。就是在这种情况下，我加入了易贝。公司在一次宕机中损失很大，没有完成季度任务。那是 1999 年，公司市值损失了 100 亿美元。情况很糟糕，但并不致命（主要是因为当时易贝别无选择）。客户需要我们展示出他们的商品，为了生存，我们必须弄清楚如何满足他们的需求。我亲身体会到，你可能完不成计划，不过还能挺过去。但你需要迅速扭转局面，否则不久就会被淘汰。

- 如果是致命的“疾病”，尽量减少现金消耗，尽可能将整个公司出售，或只是人才被收购，将现金返还给投资者。

你本人怎么样？董事会和公司的人都想知道这对你有什么影响。

- 这场危机使你一败涂地了吗？如果没有，它有没有坚定你的决心？
- 你知道接下来要做什么吗？
- 你是否有一种比以往任何时候都更好、更快、更强的紧迫感？

如果这次失误对你的公司短期内没有什么可怕的影响，那么很重要的一点是不要让它改变你对公司的信心和期望。

- 制定远大的目标，这很重要。
- 对你觉得不足的地方要做到透明，对公司的发展势头要持积极的态度。

- 不要太过保守，以至与你努力争取的机会失之交臂。平庸是最不可取的。

在易贝，我们常说："上个季度发生了什么并不重要，最重要的是回到正轨。"你必须明白哪里出了问题，并从中吸取教训。进行变革，多与人交流，不轻言放弃。领导就是给予大家希望，然后予以实现。

从关系紧张到无缝对接

——当你需要解决跨职能团队间的摩擦时

看来，你的公司必定取得了成功。你的团队曾经是团结一致、紧密合作的一组人马，现在已经发展壮大，有了不同的日程安排、不同的关注焦点。恭喜你取得这么大的进步！现在，让我们深入了解一下当前的情况（并且确定如何应对）。

首先，要明白出现这种摩擦很自然，这非常重要。糟糕的是，我们不会自动接纳和欢迎与我们不同的人。例如，工程师总是本能地认为销售人员没有他们重要。此外，每个人都有自己的工作要做，当公司中出现新的功能或能力，通常会带来新的需求。有些人认为这些新需求具有威胁性。

当你第一次编写产品代码并打造产品时，可能不会有销售和营销团队来打扰你，询问你如何区分产品或提出新特点。现在情况不同了，每个人都受雇做一份工作，缺一不可。但是随着公司的规模越来越大，工作越来越需要别人的帮助。大多数时候，当需要从其他团队得到一些东西时，你才会开始与他们建立联系。遗憾的是，很少有团队伸出手来说："我知道你们在做一件大事，我怎样才能帮助你们？"

这可能是个问题。我们常常对下一阶段的业务毫无准备。然而，通过行为上的一些改变，我们可以使团队从关系紧张转变为无缝对接，实现共同增长。以下是一些如何解决跨职能团队间摩擦的建议：

使同事们目标一致。我喜欢确保管理者之间能了解彼此的目标，以及这些目标的评级，还要知道哪个目标比较重要，哪个目标最重要。当我第一次加入易贝时，我让开发部门的负责人关注闪电运输，让运营部门的负责人关注实用性。不用说，这两个部门之间有很多冲突。为了解决冲突，我不得不介入并决定什么目标是最重要的。最后，我改变了两个团队的目标，以便运营部门共享运送目标，产品开发部门共享实用性目标。当我将客户支持添加到团队中时，我们意识到也需要将客户满意度添加到所有目标中。当大家都朝着同样的目标努力时，事情办起来就会更加顺利、更加愉快。

参与更广泛的交流。无论你在沟通方面做了什么，很可能都做得不够。沟通必须持之以恒，触及每一个人。雅虎的玛丽莎·梅耶尔每周五会为所有员工举办一次“集思会议”。雅虎虽然经历过艰难困苦，但玛丽莎每周都愿意站出来面对尖锐的问题，这给公司带来了鼓舞，也带来了平静。

遵循决策的指导方针。想要怎么解决问题？谁来做决定？我喜欢用RACI模型（谁来负责，谁来批准，向谁咨询，通知谁。详见信件“合理分工的RACI模式——当你需要明确每个人的职责时”），但还有多种方法你可以使用。最重要的是，你要选择一种方法并坚持下去。

想办法找到问题。我要求韦伯投资公司的每个人每周都要提交他们需要帮助的事情。在我的一对一谈话中，我会询问他们的进展及其原因。

庆祝胜利，并在整个公司内给予认可。当你看到出色的跨职能行为时，要让所有人都知道，并且还要庆祝一番。我们在易贝的客户支持团队会向那些超越自我帮助他们的人颁发“银星奖”。在易贝，很多人把打印的奖状贴在他们的办公室里。

随着你的不断成长和成功，你需要找到新的方法解决跨职能摩擦。那些知道如何减少摩擦（并且意识到外部矛盾而非内部矛盾才是最主要矛盾）的公司，最终会拥有更多的能力，取得更大的成功。不用说，这些公司的员工也会更加乐享其中。

依据价值体系做决定
——当你需要维护公司的品格时

在未来，你的公司会做出成千上万的决定和判断。有些决定比其他决定更为重要。我这里所说的是奠定公司基础的决策。

举几个例子：

当违法乱纪的行为发生时，我们是逃避现实还是立即解决？

当我们的服务质量下降（或达不到预期）时，为了维护客户对我们的信任，应该怎么办？

当我们的玻璃门（Glassdoor，美国一家做企业点评与职位搜索的职场社区）数据糟糕透顶的时候，我们是说数据不准确还是要反躬自省？

当本季度数据不尽如人意时，我们如何向董事会和团队交代？

当我在易贝工作时，我们安排了一次董事会会议，我们的董事之一霍华德·舒尔茨（星巴克创始人）刚从德国和波兰旅行回来。当他参观集中营，特别是毒气室的时候，他真的受到了精神上的创伤。当时，易贝出售纳粹纪念品，霍华德坚决反对，他要求我们立即停止出售这些商品。关于我们是否应该停止销售这些商品，有很多争论，因为它们并不违法。霍华德对此并不在意，他说："这关系到公司的品格。"他是对的。

当他最终离开易贝董事会时，我们给了他一块匾牌，上面写着这句至理名言。

我非常尊敬霍华德，我从他身上学到了很多。

从那以后，我遇到过几次影响“公司的品格”的时刻。当价值体系清晰时，做出决定就十分容易。这让我感到很欣慰。

所以，当你在做所有必须要做的决定时，请留意那些与公司的品格有关的决定。在这种情况下，我希望你能根据自己的核心价值观做出决定。虽然我们知道必须守法，但我们的品格和价值观要求我们遵守法律精神，这是一个更高的标准。

和谐的董事会需要平衡的措施
——当你与董事会有利益冲突时

有时候，董事会内部的利益冲突非常明显。我们最近在一家《财富》500强企业中就遇到这样一个情况。我们心仪的候选人之一现在是另一家公司的董事会成员。这通常不是问题，但在这个案例中，那家公司与我的公司正处于一场大规模的诉讼战中。这是一个很简单的决定，除非候选人退出另一个董事会，否则是行不通的。后来，我们又遇到了类似的情况，但这次候选人不在公司董事会，而是在一个子公司的董事会。这种情况行得通吗？

有时候，与董事会成员的利益冲突是非黑即白的问题，但大多数时候，至少有上千种情况介于黑白之间。拥有一个平衡的董事会对于成功来说是不可或缺的，但是建立一个董事会绝非易事。你必须仔细考虑所需的技能。上市公司对财务敏感度有监管要求，行业和运营经验也极其宝贵。有时，董事会成员需要有国际业务、技术或销售专长。现代的董事会也重视不同的背景、性别、种族和观点。最后，你必须解决一个更微妙的问题：相互吸引。最好的董事会独立、平权、专业，他们会让公司日新月异，让股东收益更加丰厚。

建立理想的董事会最具挑战性的是，在任何时候都要限制潜在候选人的数量。公司需要人中翘楚来填补这些重要的职位。通常，最适合你公司的人会在本行业有相关经验，这也意味着他们之间可能会有冲突。如果与竞争对手发生冲突，自然不必理会。一个可以利用你的信息获取利益的直接竞争对手永远不值得冒险。然而，在大多数情况下，这些冲突并不是那么简单。

有时你必须解决一些你从未预料到的问题。比如，几年前，我在一家小公司投资了一小笔钱，这家公司制作了一种赛富时不感兴趣的软件。后来，赛富时对收购这家公司产生了兴趣。解决方案是：我留在赛富时董事会，但完全公开那笔小投资的收益，并且我要回避关于收购的任何讨论和决策。

不要以为所有注意到的或潜在的冲突都会发生，或对它无能为力。不要总是仅仅因为某件事可能会引发一个明显的问题就不干了。花点时间彻底调查一下，然后做出明智的决定。过程和披露结果会产生一些影响。当我还是LiveOps的首席执行官和董事长时，LiveOps和赛富时都想要与对方做生意，但我同时是赛富时的董事会成员。合同金额最终并不大，但这种情况可能会带来潜在问题。在这种情况下，我完全公开了自己的情况，审计委员会彻底审查了这些交易，我也回避了关于这些交易的任何决策。赛富时还向其股东披露了这些交易。

要明白感知即现实。例如，我所在的两个董事会都与Everwise（我与别人联合创立的公司）有业务往来。有一些规则能帮助我们应对这种情况，限制Everwise与这些公司的业务。当股东或其他董事会成员认为存在潜在冲突时，无论你是否认同，都必须迅速处理并仔细审查。

要知道公司和市场是变幻不定的，所以要对其进行持续监控。想想看，2000年，苹果和谷歌几乎没有业务重叠，谷歌的首席执行官埃里克·施密特在两个董事会都任职。然而几年后，情况发生了很大变化。很明显，他们都在追求移动战略。埃里克做了正确的选择，退出了苹果董事会。今天的企业变化很快，以至昨天可能不是冲突的事情，明天很容易就会变成冲突。要经常重新进行评估。

创建和谐的董事会需要平衡的措施。虽然最理想的董事拥有必要的相关专业知识，彼此之间没有冲突，但找到这样神奇的董事会成员就像找到小精灵一样困难。所以，保持开放的心态，理解一些冲突只是感觉而已，并不是真实存在的。不断地对它们进行彻底的审查，并做出必要的改变。

经历也是一种财富

——当董事会说要撤掉你的首席执行官职务时

有糟糕的时候，也有糟糕透顶的时候。这算是糟糕透顶的一天。

最近，与我们投资组合中的一位优秀企业家的一次艰难经历让我想起了这一点。我刚刚参加完雅虎的紧急会议，然后和首席执行官以及韦伯投资公司团队一起参加了一个之前安排好的会议。我为自己的迟到连连道歉（这种情况很少发生），并解释说我最近的日子一直很难熬。我注意到首席执行官精神不振，这不是他一贯的风格。他说："我们可以比比看谁过得更糟。"

他告诉我昨天晚上董事会给他打了电话，他们准备撤掉他首席执行官的职务。那天早上，他刚刚见了新的接替者，一位经验丰富的初创公司首席执行官。公司要求他继续担任一个关键的战略角色。在这种情况下，这位创始人表现得出奇的好，但他的焦虑却是显而易见的。

最让这位创始人困惑的是，这种情况就发生在他拥有公司 50% 股份的时候。实际上，这种情况发生的频率比创始人认为的还要高。除非你是自筹资金，否则你的工作总有可能被抢走。

如果你发现自己处在这种情况下，要考虑以下几点：

- 这是出乎意料的吗？
- 预估这一决定是否还有余地。你想反对这个决定吗？如果答案是肯定的，这会导致什么后果？
- 这对你和你的团队意味着什么？你是要告诉大家这是你的决定并做出表率，还是与之抗争，制造很多不满情绪？公司还要求你参与大政方针的制定吗？
- 从长远来看，股东（记住，你也是一个重要的股东）最终会受益吗？
- 试着缓和这种转变。当我离开LiveOps时，我答应担任两年的董事长来帮忙。我向新任首席执行官承诺，我会在交接过程中提供帮助，并问他希望我留任多久。他说："我上任第一天你就可以离开。"我并没有把这件事放在心上，因为他的前同事曾提醒过他，不要让像我这样的人加入董事会，担心我会压倒其他人。控制别人不是我的风格，但他不知道。重要的是你要做正确的事情，而不要管别人怎么回应。
- 花一些时间把事情弄明白。这不可能立竿见影，但还是要弄清楚未来你应该拥有的见解和学识。
- 要为你自己有从零开始的勇气而自豪。我们为你公司赢得的吸引力而感到骄傲。
- 如果在目前的公司你找不到自己喜欢做的工作，也无法投入自己的激情，那也不要心怀怨恨。筹划第二轮融资，你下一步的行动由自己掌控。找出你唯一有资格去做和想做的事情。现在的情况不在你的掌控之中，但下一次一定在。
- 最后，我不想给你们画饼充饥，但我们都知道硅谷的"回归"故事，包括史蒂夫·乔布斯回归苹果，拉里·佩奇回归谷歌，杰克·多尔西回归推特。没有什么事是不可能的。

我很同情你要经历这些。你很了不起，虽然现在糟糕透顶，但请放心，未来的日子会更好。经历过这些以后，你会变得更睿智、更强大，这种经历也会体现在你接下来取得的成就中。

第四部分

传承发扬

第九章　领先之道

从卓越到传承的精髓

如何处理突如其来的财富
——当你赚得高薪时

恭喜你！大多数人还没有赚到高薪，许多人都希望自己能有这么一天。

我决定就如何处理突如其来的财富写一封信，因为不仅我自己在这个问题上有过思想斗争，我还见过一些同事很艰难地完成了这个过渡期。我之所以写这封信，是希望你不必经历我们经历过的那些矛盾与困惑。

事实上，虽然这听起来很美好，但是当你去支配这笔新财富时，事情会变得错综复杂。对于我们大多数人来说，虽然钱是必需品，但钱不是我们追求生活目标的理由。

首先，知道怎么利用好这笔钱，才是重要的。

- 你将缴纳相当一部分税款。希望你能将大部分收益纳入资本收益。但如果是你的直接收入，你会缴纳高达 50% 的税（根据你所在州的规定）。
- 通常，获得巨额财富的人会很快失去这笔钱。令人遗憾的是，这种现象不仅发生在橄榄球明星和乐透大赢家身上，也发生在企业家身上。

- 市场变化。我经历过最痛苦的事情可能就是市场发挥其作用时——以不好的方式。21世纪初经济泡沫破灭时，我的净资产也出现了一些变化。同样的事情在2008—2009年再次发生。很难想象，你已经达到了自己的目标净资产值或期望净资产值，不料它竟迅速贬值了。
- 你需要找到正确的方法来管理新财富。许多人与财务顾问合作，这些专业人士虽然嘴上说是为你服务，但实际上并不总是这样，了解这一点十分重要。我记得公司因经营有道，并且部分天使投资获得收益后，我的净资产增加了，这让我很兴奋。于是我把钱存在了一家信誉颇高的大银行里，很快我就注意到有多笔交易产生。用这种理财方式，我要向财务顾问支付高额酬金，但是理财进行得不是很顺利。于是我又换了一个理财团队，他们基于我的资产净值获得报酬。当我的资产增加后，他们的报酬也相应增加。我们之间的利益分配更加均衡了。

突然得到一大笔钱也为家人和朋友带来了意外的活力。最后我和妻子一起做了决定，包括帮助每一个有血缘关系的亲戚和他们的后代上大学。我们也致力于组织一些活动，比如家庭聚会，参加特别的活动，或者一起去看超级碗比赛。我们的想法是让他们过得开心，一起享受美好时光，我们也希望他们能努力奋斗获得成功，掌握自己的命运。

在我们的亲人得到关爱后，我们启动了家庭基金会来回馈世界。我们在2004年成立了基金会（在这里我得感谢易贝），几年后我们明白了在哪里可以发挥最大的影响力——我们决定帮助贫困儿童上大学。为了做好这件事，我们做了大量的工作，也让我们从中感受到了快乐和鼓舞。

祝贺你！你的努力和创新让你获得了丰厚的回报，希望你能找到庆祝的方式，也希望你未来几年能享受到辛苦付出给你带来的回报——希望能够享用几十年。

持续筹划，未雨绸缪
——当你需要储备人才时

考虑继任的问题越早越好。

从创业之初，你就得确保自己拥有实现公司使命所需的天赋。一开始，你不得不考虑通过招聘来储备人才。我们都知道这个不容乐观的数据——50%的雇员都无法胜任工作。另外，虽然你可能不担心职员离开你的公司，但这种情况是不可避免的。如果他们不喜欢你，或者他们找到了一份新工作，薪水是现在的5倍，或者是他们搬家了，该怎么办？即使你有很出色的员工，你也不要高枕无忧，你要不断筹划谁来做这份工作，这样你才不会陷入困境。

这个平衡很难维持：你必须持续不断地考验和培养接任者，同时还要想其他办法，以防现有的团队成员不能胜任。这听起来有点过分，但事实上，想要一下子组建起一支最优秀的人才队伍是不可能的——只有不断在这方面付诸努力，才有可能做到。那么，你如何才能达到这种微妙的平衡呢？

在任何时候你都需要知道以下情况：

你的人才在各自的岗位上有多优秀。如果一切按照计划进行，他们能和公司一起成长吗？他们能够得到提升，并且和你一起共事两年吗？

你是怎么知道这些的？就你所了解的做一个调查。他们今天交付工作的时候表现得怎么样？他们现在管理着 3 个人，他们管理得怎么样？预测一下。他们在和客户打交道时会有怎样的表现？根据他们管理 3 个人的方式来看，他们能管理 30 个人吗？

谁来接替。即使有人能够和公司一起成长（尤其是当他们发展良好时。这意味着他们会升职，需要有人来接替他们的位置），你也要确定除了他们之外，是否还有人可以接替他们的工作。

走出公司，看一看谁是这一行业最优秀的人才？你要知道谁是最好的首席营销官，谁是最优秀的工程师，谁是人力资源方面最优秀的专业人员。这样你可以同他们加强联系，以后努力把他们挖过来。马克 · 贝尼奥夫特别擅长和最优秀的人才打交道，即使没有空缺的职位，他也能让人先“上车”，然后再把他们安排到合适的职位上。同样，梅格 · 惠特曼也总是将物色最优秀的人才纳入经营之道。你要不断问自己：到底有没有理想的人选，即使我无法把他们安排到最合适的位置上。

那么，你会怎么做？这是一个很难回答的问题。没有人愿意被取代——想到你是公司不可或缺的人能让你开心许多。但是，你必须计划好接班人的问题。董事会应该知道谁将接替你的位子，如果公司发生意外，你的领导地位会发生改变。上市公司一年至少会讨论一次这个话题。做起来不太容易，但是十分必要。

你总是想雇用比你优秀的人，你总是想给人们机会，事实上，很多人都希望升职。他们需要的只是机会和指导。给他们吧！

如何从卓越走向传承

——当你考虑创建一家持续发展的公司时

从创业点子到公司逐渐壮大，最后再到公司达到卓越，我写了许多封信。但是，一个真正成功的企业（一个持久发展的企业）远不止于此。我们来聊聊公司如何从卓越走向传承吧。

在这之前，我得先声明一点：如果你的公司仍然处于起步阶段，现阶段就不应该聚焦于公司的传承，你应该把重点放在公司的壮大和卓越上。如果你的公司已经处于卓越阶段，也许是时候考虑如何使公司延续数代了，即公司比你的任期还要长。创建一家像通用电气、福特和苹果那样的公司需要付出哪些努力？这些公司存在的时间超过了它们传奇的创始人，并影响着一代又一代的人。

达到卓越很难，将公司传承下去则难上加难。创办公司的人，使公司达到卓越的人，和将公司传承下去的人，不太可能是同一帮人。因为这不仅需要不同的能力组合，而且同一帮人也很难聚齐了。

能够延续数代的公司越来越少了。自 2000 年以来，《财富》世界 500 强公司排行榜中，超过半数的公司因为兼并、收购或破产已经消失不见了。回想一下，1975 年，《财富》世界 500 强公司的预期寿命有 75 年。根据德勤研究中心约翰 · 哈格尔三世的统计，现在只有 15 年。

不管是在我的职业生涯中，还是决定在哪些公司和创始人身上投资时，企业传承是我现在着重考虑的一个问题。但是在早期的职业生涯中，我从没考虑过这个问题。从某些方面讲，这是个错误。

我亲身体验过IBM传承的力量。创始人托马斯·约翰·沃森被人们铭记——我读过他每一封管理方面的书信。IBM的文化和价值观坚不可摧。

我刚开始上班的时候，将自己视为IBM大家庭中的一员，我的重心是出色地完成工作，以便能继续留在那里。我从没想过要在公司有一番大作为。我在晋升后，发现自己驶入了管理工作的快车道，我知道自己做任何工作都不会做得太久。于是我很快把工作都安排好，使一切井然有序。

我的第一份IT高级管理工作是在昆腾公司。人们喜欢和我在一起工作，但是我犯了一个错误——我在为自己工作，而非为了公司。所以，我离开公司的时候，许多人也和我一起离开。我当时受宠若惊，但事后看来，我并非赢家。成功的意义不在于成就自我，而是成就公司。在之后的职业生涯中，我一直牢记这个教训。后来，在海湾网络公司、易贝和LiveOps公司工作时，我对改善公司状况更感兴趣。所以，在我离开这些公司时，其他人都留在了公司，努力为公司做出永久性的贡献——远远超过了我们每个人的任期。我那时重新认识到，比起专注于自己的事业，致力于公司的传承才能给人带来更大的成就和力量。

作为创始人，在开始自己的事业后，你无法顾及自己是否会成为传奇人物。但是，你要一直关注你在公司的影响力。梅格·惠特曼曾经说过：在你成为创始人以后，你的印迹会永远留下来。事实上，惠普每天由比尔·休利特和戴维·帕卡德共同管理，公司经常发生微小、有时是意想不到的变化。我想讲一下雅虎很有名的紫色油漆故事。杨致远派联

合创始人戴维 · 费罗去买灰色油漆，但戴维误买了紫色油漆。雅虎的标志就这样诞生了。直到今天，他们仍说：我们流的是紫色的血。

你在考虑为公司留下一笔遗产的时候，不要考虑自己。下面才是你必须要考虑的：

- 你有没有总结过让你与众不同的秘籍？
- 你有没有坚定地向你的员工灌输你的价值观？必要时，你有没有教他们如何去改造自己？
- 你的接班人已经准备好承担这个重任了吗？没有你的帮助，公司能继续平稳运营。
- 推崇公仆式的领导。比起你的日程和信条，事业更重要。
- 虽然你已卸任，但是在公司处于危难境地时，你依然愿意重回公司。（想想史蒂夫 · 乔布斯重回苹果公司。）

能够成为在全球拥有数千万用户的传承公司的一分子，幸福感无与伦比，荣幸之至。易贝前首席执行官约翰 · 多纳霍曾经说过，他有幸管理易贝 10 年，这个机会令他谦虚，备受鼓舞。你总是想让公司在自己的管理下发展得更好。正如公司寿命的统计数据所示，这是一项艰苦的工作。不管怎样，你都要利用现有的机会去创造永恒的东西，你完全值得这么做！

后　记

若你读到了这里，我非常感谢你能花时间读完这些信。它们源于几十年处理棘手问题的经验，源于数十年间抱有的坚定信念——创建一家持久发展的公司，既特别又神圣。

我非常高兴能把这些年的经验和教训写进书里。我也知道有多种方法可以解决最具挑战的难题。我现在仍在学习，仍在写书。如果你有什么问题，或是对新的信件有什么想法，可以登录我们的网站（maynardwebb.com）留言。

我特别仰慕和欣赏那些不辞辛苦创建和发展公司的创始人、首席执行官和管理人员。希望这本书能帮助你成就公司的命运，实现自己的梦想。很荣幸这本书能给你带来一些帮助。在你的人生旅程中，我会一直帮助你。虽说这是一项艰巨的任务，但是很值得去做。

致 谢

非常感谢每一个参与韦伯投资公司建设和发展的人。

谢谢米切尔·卡普尔，是他鼓励我去做应该做的事情。感谢我的合伙人，米歇尔·纳瑞尔、凯文·韦伯、艾琳·韦伯、整个韦伯投资公司团队，以及所有的创始人和所有的加盟成员。这本书的出版离不开我们之间的交流和沟通。

在出书期间，我和韦伯投资公司团队相处得非常融洽。

没有本书的合著者卡莉·阿德勒，这本书也无法顺利完成。写作期间，她和我一样，干劲十足，围绕各种话题展开论述。谢谢乔纳森·派因斯、杰里米·施耐德和凯文·韦伯为我的信件所做的补充。在写到融资时，感谢他们写信送上金玉良言。谢谢海蒂·彭斯，她让我们的团队更加强大，并提出了很棒的反馈意见。感谢德纳·波特在背后为我们保驾护航——他设计了高效系统，还让人排出了本书的数字版。

许多领导者和加盟成员抽出时间阅读这些信件，并提出了宝贵意见。他们的反馈鼓励我们扩大了书的发行范围。特别感谢迈克·贝格尔森、芮拉·马瑟、阿伦·内勒、马莎·塞多娃和马特·塔克审阅了这些信件，并且分享了他们的看法。感谢彼得·奇塔迪尼、哈什·帕特尔、亚当·戈尔茨坦和蒙哥马利·克斯滕写信，慷慨分享其智慧与经验。

感谢霍华德·舒尔茨欣然为本书作序，谢谢他的配合与鼓励。

许多人在不同的场合各抒己见，审阅信件，让这本书更有说服力，他们是:贝丝·艾克斯罗德、科里·杜布洛瓦、丹·法伯、莫妮卡·兰利、洛丽·西浦·麦肯齐、迈克尔·罗斯、凯利·马洪·塔利尔和艾米·韦弗。

优秀的LEWIS公关团队帮助我们将这本书编辑成册，并策划将这本书送到更多的创业者手中。谢谢迈尔斯·丹尼尔斯提出的宝贵意见，使我们在最初设想的基础上又扩充了本书的内容。

十分感谢出版经纪人吉姆·莱文对本书的看重，是他保证我们能和出色的出版商搭档合作。感谢圣马丁出版社的每一位员工，尤其是乔治·威特，他一拿到书就提出了看法，让这本书更加完善。还要感谢薛拉·恩韦特，在整个过程中，他给予了我们耐心的指导。

谢谢我的家人。我的母亲海伦，教会我如何才能不被生活打败，为我树立了一个好榜样。我唯一的哥哥托尼，一直教导并鼓励小他很多的弟弟树立远大目标。我的姐妹，琳妮、海伦和埃德娜对我都有很重要的影响。我的孩子卡丽，米切尔和他的妻子凯莉，凯文和劳拉一直挑战我、激励我，每天带给我希望。我很幸运，有三个可爱的孙辈——迈卡、汉娜和艾弗里。

谢谢我的贤内助艾琳，谢谢她为书信的话题建言献策。在我忙着写另外一本书的时候，感谢她能包容我，感谢她成为我全方位的搭档。没有她一如既往、充满爱心的支持，就不会有我的今天。

感谢各位！